Charles H. Spurgeon

DU BIST DIE HOFFNUNG MEINER SEELE

Christlicher Verlag
Voice of Hope

1. Auflage 2023

Originaltitel: According to Promise

Eckenhagener Str. 43
51580 Reichshof-Mittelagger
www.voh-shop.de

Neubearbeitete Übersetzung,
Lektorat und Design: Voice of Hope

Bestell-Nr. 875.285
ISBN 978-3-947978-85-4

Soweit nicht anders vermerkt, wurden die Bibelzitate
der Schlachter-Bibel 2000 entnommen.

INHALT

VORWORT

In seinem weitverbreiteten Buch »Ganz aus Gnade« ruft C.H. Spurgeon seine Leser zum Glauben an Jesus Christus auf. Dabei bildet die biblisch begründete Lehre von der freien Gnade Gottes, der allein Menschen ihre Erwählung zum Heil verdanken, die Basis. Dieses Buch hat Spurgeon ausdrücklich als Ergänzung zu »Ganz aus Gnade« geschrieben. Es will zeigen, wie Gott mit den Menschen umgeht, denen Seine grenzenlose Liebe gilt: Er handelt mit Seinem Volk gemäß Seinen Verheißungen.

Alles Geschehen beruht auf verbindlichen Erklärungen Gottes, die in Seinem Wort niedergelegt sind und auf die sich die Glaubenden fest verlassen können und somit eine sichere Hoffnung für ihre Seelen haben.

Diese Verheißungen Gottes – Spurgeon hat bekanntlich den »Kleinoden göttlicher Verheißungen« ein ganzes Andachtsbuch gewidmet –

werden hier nun grundsätzlich beleuchtet, im Blick auf ihren Geltungsbereich, ihre Zuverlässigkeit, ihren unschätzbaren Wert, und schließlich auf ihre Basis: Jesus Christus, in dem alle Gottesverheißungen Ja und Amen sind (2.Kor. 1,20). So wird der Leser auf Gott gelenkt als die einzig wahre Hoffnung für die Seele.

Zugleich schildert Spurgeon biblisch fundiert und aus persönlicher sowie seelsorgerlicher Erfahrung, wie ein Christ die Kraft der Verheißungen Gottes im Alltag erleben, wie er kraft der Verheißung leben kann.

»Jede gute Gabe und
jedes vollkommene Geschenk
kommt von oben herab, von dem Vater
der Lichter, bei dem keine Veränderung
ist, noch ein Schatten infolge
von Wechsel.«

JAKOBUS 1,17

KAPITEL 1

WEM GELTEN DIE VERHEISSUNGEN?

Der Herr ist stets gerecht und gut gegenüber Seinen Geschöpfen; das ist Seine Natur. Aber weder in Seiner Gerechtigkeit noch in Seiner Güte war ein notwendiger Grund dafür vorhanden, dass Er denen, die sich gegen Ihn empört hatten, Verheißungen der Gnade gäbe. Der Mensch hatte jeden vermeintlichen Anspruch an seinen Schöpfer verwirkt, denn er hatte Sein reines und heiliges Gesetz gebrochen, dem zu gehorchen er verpflichtet war. Der Mensch verdient jetzt nichts als die Strafe für seine Sünde. Wenn Gott nun mit dem Menschen nach strenger Gerechtigkeit handelte, so müsste Er ihn verurteilen und bestrafen.

Jegliche Nachsicht gegenüber einem schuldigen Geschöpf kann nur von der unverdienten Barmherzigkeit und souveränen Gnade Gottes ausgehen:

Sie entspringt aus dem freien Willen und Wohlgefallen des Höchsten. Die Verheißungen der Gnade fließen aus der grenzenlosen Liebe Gottes – und allein aus ihr. Sie hätten aus keiner anderen Quelle hervorgehen können. Kein einziger Mensch hat von Natur aus ein Recht auf Segensverheißungen, und ebenso wenig verdient sie die ganze Menschheit. Gott hat uns, Seinen Kindern, die Verheißungen nach Seinem eigenen freien Willen und Wohlgefallen gegeben, aus keinem anderen Beweggrund als der Liebe, die in Ihm Selbst liegt.

Er hat sich entschieden, Seine Verheißungen Seinen Auserwählten zu geben, die im Laufe der Zeit durch ihren Glauben an Ihn erkannt werden. Diejenigen, die Gott erwählt hat, werden durch den Heiligen Geist dahin geführt, Gott und Seinen Weg der Errettung durch den Glauben an Jesus Christus zu erwählen. Die Erwählten *werden* zum Glauben an Jesus geführt. Alle, die rettenden Glauben an Ihn haben, können daraus den zweifelsfreien Schluss ziehen, dass sie zur erwählten Schar derer gehören, denen die Verheißungen gegeben sind.

Für diejenigen, die im Unglauben leben und sterben, gibt es keine bedingungslose und persönliche Verheißung Gottes: Sie stehen nicht unter der Gnade, sondern unter dem Gesetz, und ihnen gilt der Zorn Gottes und nicht die Verheißungen. Sie ziehen der gnädigen Verheißung eine andere Art der Behandlung vor. Das Ergebnis ihrer törichten Vorliebe ist, dass sie schließlich verloren gehen.

Die wahrhaft Gläubigen werden dahin geführt, dass sie den stolzen Weg des eigenen Ichs und des Verdienstes verlassen; sie schlagen den Weg des Glaubens ein und finden so Ruhe für ihre Seelen. Dem Wort Gottes zu glauben und Dem zu vertrauen, den Gott als unseren Retter gesandt hat, mag uns als etwas Geringes erscheinen, aber in Wirklichkeit ist es das nicht:

- *Es ist das Zeichen der Erwählung,*
- *das Merkmal der Wiedergeburt,*
- *das Kennzeichen der zukünftigen Herrlichkeit.*

Wenn wir so an Gottes Wahrheit glauben, dass wir uns bezüglich unserer ewigen Angelegenheiten auf Seine Verheißung verlassen, so ist dies das Anzeichen eines mit Gott versöhnten Herzens, eines Geistes, in dem sich der Keim zur vollkommenen Heiligung findet.

Wenn wir wirklich an Gott glauben, so wie Er in Jesus Christus geoffenbart ist, so glauben wir an alle Seine Verheißungen. Vertrauen auf jemanden schließt Vertrauen auf alles mit ein, was er spricht. Deshalb nehmen wir alle Verheißungen Gottes als sicher und gewiss an. Wir trauen nicht der einen Verheißung und zweifeln an einer anderen, sondern wir verlassen uns auf *jede,* weil wir sie als wahr erkennen, und wir glauben, dass sie für uns persönlich wahr ist, soweit sie sich auf unsere Lage und Umstände bezieht.

Wir schließen aus den allgemeinen Verheißungen auf die besondere Anwendung: Der, welcher gesagt hat, dass Er diejenigen, die an Ihn glauben, erretten will, wird mich erretten, weil ich an Ihn glaube. Jeden Segen, den Er den Gläubigen zu verleihen versprochen hat, wird Er mir als einem Gläubigen verleihen. Dies ist eine vernünftige Beweisführung, und hier zeigt sich der Glaube, durch den wir leben und getröstet werden. Nicht weil ich etwas verdiene, sondern weil Gott es mir in Jesus Christus aus freien Stücken verheißen hat, werde ich es empfangen; das ist die Ursache und der Grund unserer Hoffnung.

Man wundert sich auf den ersten Blick, dass nicht alle Menschen Gott glauben, denn Gott kann nicht lügen, und es ist kein Grund vorhanden für den Argwohn, dass Er sich ändern könne oder nicht imstande wäre, Sein Wort einzuhalten. Aber so falsch ist das Herz des Menschen, dass es an seinem Schöpfer zweifelt. Es hasst seinen Gott und glaubt Ihm deshalb nicht. Der sicherste Beweis der natürlichen Feindschaft des Menschen gegen Gott ist, dass er es wagt, Einem, der die Wahrheit Selbst ist, Falschheit zu unterstellen.

> *»Wer Gott nicht glaubt, der hat Ihn zum Lügner gemacht, weil er nicht an das Zeugnis geglaubt hat, das Gott von Seinem Sohn abgelegt hat« (1.Joh. 5,10).*

Wirkliches, praktisches Vertrauen auf den lebendigen Gott, so leicht es auch zu sein scheint, ist eine Tugend, die ein nicht errettetes Herz niemals geübt hat. Die herrliche, vom fleischgewordenen Sohn Gottes vollbrachte Versöhnung ist des Vertrauens der ganzen Menschheit würdig.

Man sollte meinen, dass jeder Sünder sich sofort in dieser reinigenden Quelle waschen und ohne Zögern an den göttlichen Erlöser glauben würde. Aber es verhält sich nicht im Entferntesten so. Die Menschen wollen nicht zu Christus kommen und das Leben haben. Sie wollen lieber auf alles mögliche andere vertrauen als auf das Opfer Jesu Christi.

Nicht eher, als bis der Heilige Geist ein Wunder an einem Menschen tut, wird er seine Zuversicht auf das große Opfer setzen, das Gott zur Tilgung unserer Schuld zuvor dargebracht und angenommen hat. Daher kommt es, dass der Glaube – diese einfache, alltägliche Sache – zum unterscheidenden Merkmal der Erwählten des Herrn wird. Kein anderes Zeichen ist so unfehlbar: Wer an Ihn glaubt, der hat das ewige Leben (vgl. Joh. 3,15-16; 6,47).

Empfindungen und Handlungen mögen zum Beweis herangezogen werden; aber der Hauptbeweis der Teilhaberschaft an der Verheißung Gottes ist der Glaube an Christus.

»Und [Abram] glaubte dem HERRN, und das rechnete Er ihm als Gerechtigkeit an« (1.Mo. 15,6).

Es gab viele gute Züge im Charakter des Patriarchen, aber dies war das Entscheidende: Er glaubte Gott; ja, dies war die Wurzel von allem anderen, was an ihm lobenswert war.

Menschliche Weisheit verachtet den wahren Glauben und stellt ihn in Gegensatz zu tugendhaftem Handeln. Aber diese Gegenüberstellung ist falsch. Man könnte ebenso gut eine Quelle in Gegensatz zu dem aus ihr entspringenden Strom stellen oder die Sonne gegen die ihr entströmende Hitze ausspielen. Wenn wahrer Glaube die Mutter der Heiligung ist, so sollte auch die Mutter wegen ihres Kindes gepriesen und nicht dazu in Gegensatz gestellt werden. Solche falschen Schlussfolgerungen rühren von leichtfertiger Bosheit her. Liebten die Menschen gute Werke so sehr, wie sie vorgeben, so würden sie den Glauben lieben, der sie hervorbringt.

Gott liebt den wahren Glauben, weil dieser Ihn ehrt und weil er zu Taten des Gehorsams Ihm gegenüber führt. Dieser Gehorsam schließt die Liebe zu unseren Mitmenschen ein. Es ist mehr in dem Glauben enthalten, als ins Auge fällt. Er ist in gewisser Weise das Größte aller guten Werke, wie unser Herr Jesus uns auch lehrt.

Die Juden fragten Ihn (Joh. 6,28-29): »*Was sollen wir tun, um die Werke Gottes zu wirken?*« Sie wollten gern göttliche Werke vollbringen – jene Werke, die mehr als alle anderen vom Herrn gebilligt würden. Jesus antwortete ihnen: »*Das ist das Werk Gottes, dass ihr an Den glaubt, den Er gesandt hat.*« Damit wollte Er sagen: Das von Gott am meisten gebilligte Werk, das ihr tun könnt, ist, an den Messias zu glauben.

Auf den Herrn Jesus zu vertrauen, das ist die höchste Tugend. Stolze Leute mögen spöttisch lächeln, aber diese Behauptung ist wahr.

> *»Ohne Glauben aber ist es unmöglich, Ihm wohlzugefallen«,* doch *»wer an Ihn glaubt, wird nicht gerichtet« (Hebr. 11,6; Joh. 3,18).*

Die Verheißung ist dem gegeben, der ihr glaubt, und an ihm wird sie erfüllt werden. Wer sich an die Verheißung hält, der wird von der Verheißung gehalten. Wer Christus annimmt, der ist in Christus angenommen. Wer aufrichtig glaubt, ist gewiss errettet.

Lieber Leser, glaubst du wirklich
an Jesus Christus?

KOMMT, DIE IHR LIEBT DEN HERRN

Come, We That Love the Lord

1. Kommt, die ihr liebt den Herrn,
macht eure Freude kund;
zu Seinem Thron erhebe sich
ein Lob aus Herz und Mund.

2. Wer unsern Gott nicht kennt,
den lasst nun schweigen still.
Doch Gottes Königskinder singt
von eurer Freudenfüll.

3. Des Herrn erlöstes Volk
sieht jetzt schon Herrlichkeit;
aus Glaube und aus Hoffnung wächst
Frucht für die Ewigkeit.

4. Zehntausend Freuden hier
uns Gottes Nähe bringt,
bis wir vor Seinem Throne stehn,
von Heiligen umringt.

5. So wie ich bin - Du nimmst mich an,
vergibst, befreist und heiligst dann,
weil ich auf Dein Wort trauen kann -
O Gottes Lamm, führ mich voran!

6. Dann gibt's kein Weinen mehr,
nur Freudenliederklang,
ein Leben in dem ew'gen Reich.
Preist Gott mit Lobgesang!

Isaac Watts (1674–1748)
Deutsch: Voice of Hope

»… durch welche Er uns die
überaus großen und kostbaren
Verheißungen ***gegeben*** hat.«

2. PETRUS 1,4

KAPITEL 2

GOTTES GABEN SIND FREI

Man achte auf das Wort »gegeben«. Petrus sagt: *»… durch welche Er uns die überaus großen und kostbaren Verheißungen* ***gegeben*** *hat.«* Wir sind in allem abhängig von der Gabe Gottes. Wir leben von göttlicher Barmherzigkeit. Alles, was wir haben, haben wir als eine Gabe empfangen, und alles, was wir noch bekommen sollen, empfangen wir auf dieselbe Weise.

»Denn der Lohn der Sünde ist der Tod; aber die ***Gnadengabe*** *Gottes ist das ewige Leben in Christus Jesus, unserem Herrn« (Röm. 6,23).* Wir sind nicht imstande, uns etwas zu verdienen; aber Gott ist imstande, alles zu geben. Die ewige Seligkeit muss eine Gabe sein, eine freie, eine unverdiente, eine freiwillige Gabe der göttlichen Liebe. Die Verheißung der Errettung ist von gleicher Natur.

»Geben ist glückseliger als Nehmen!« (Apg. 20,35), und Der, der am allerseligsten ist, der ewig glückselige Gott, hat Seine Freude am Geben. Es ist ebenso sehr Seine Natur, zu geben, wie es die Natur der Sonne ist, zu scheinen, oder die eines Stromes, zu fließen.

Wie glückselig sind wir als Kinder Gottes, dass wir Empfänger sind! Dies empfinden wir noch viel stärker, wenn wir darüber nachdenken, wie notwendig es ist, dass wir empfangen. Denn was wir brauchen, ist von der Art, dass wir, wenn wir es nicht geschenkt bekämen, jetzt und auf ewig verloren wären. Wir wären ohne Leben, ohne Licht, ohne Hoffnung und ohne Frieden, wenn Gott nicht bei uns wäre. Wenn uns Gott nicht nach dem Reichtum Seiner Gnade gäbe, so wären wir mehr als arm und erbärmlich; wir wären ganz und gar verdorben.

Es ist unmöglich, dass wir solche reichen Gaben verdienen könnten; selbst, wenn wir irgendetwas verdienen könnten, so müssten diese Gaben uns doch kostenfrei und umsonst zuteilwerden. Eine Verheißung Gottes muss ein Gnadengeschenk sein; wir können nicht beanspruchen, dass Gott uns Seine Gunst und die unschätzbaren, damit verbundenen Güter verheißt.

Dies lehrt uns auch, welche Haltung Christen einnehmen sollten. Wer von Gott abhängig ist, hat keinen Grund, stolz zu sein. Wer von Gaben lebt, sollte demütig und dankbar sein. Wir sind Bettler an der Tür der Barmherzigkeit. An der »Schönen Pforte des Tempels« sitzen wir täglich und betteln um Almosen – nicht von Menschen, sondern von unserem Herrn, der gern gibt.

Und wir sind auch nicht verwundert, dass wir von Seiner Liebe empfangen, denn Er hat verheißen, große Barmherzigkeit zu verleihen. Er lehrte uns beten: *»Gib uns heute unser tägliches Brot« (Mt. 6,11)*, und deshalb schämen wir uns nicht und fürchten uns auch nicht, Ihn um alles zu bitten. Unser Leben ist ein Leben der Abhängigkeit, und wir freuen uns, dass es so ist. Es ist gut, alles aus den Händen unseres gekreuzigten Herrn entgegenzunehmen. Glückselig ist die geistliche Armut, die uns dahin führt, in Christus reich zu sein. Wir erwerben uns nichts und empfangen doch alles, über alle Maßen gesegnet, weil wir stündlich an der Gabe Gottes Anteil haben. *»… durch welche Er uns die überaus großen und kostbaren Verheißungen gegeben hat« (2.Pt. 1,4)*.

Liebe Freunde, diese Lehre, dass die Verheißung ein reines Geschenk ist, sollte alle außerordentlich ermutigen, die ihren verlorenen Zustand empfinden und verstehen und sich eingestehen, dass sie geistlich bankrott sind. Für solche ist es ein Wort der Ermutigung, dass uns alles von Gott umsonst geschenkt wird.

Wenn Gott uns beschenkt, warum sollte Er dann nicht auch sie und andere Bedürftige beschenken?

Diejenigen von uns, die sich in Gott freuen, haben alle Dinge als eine freie Gabe empfangen; warum sollten andere nicht das Gleiche erhalten?

Man sagt: »Nichts ist freier als eine Gabe«; warum solltest du die Liebe Gottes nicht ebenso gut empfangen wie ich selbst?

Für einen, der zum Geben bereit ist, ist die Armut des Empfängers ein Anreiz und nicht ein Hindernis. Kommt also, ihr, die ihr kein Verdienst habt; Christus will euer Verdienst sein! Kommt, ihr, die ihr keine Gerechtigkeit habt; Er will eure Gerechtigkeit sein! Kommt, ihr, die ihr voller Sünde seid, und der vergebende HERR will eure Sünden wegnehmen! Kommt, ihr, die ihr ganz verloren seid, und lasst euch in Jesus reich machen!

Vor Gott könnt ihr nur als Bettler kommen und dann Erfolg haben, denn außer eurer Sünde gibt es nichts, was ihr Ihm bringen könntet. Ein Bettler braucht keine Güter in der Hand. Alte, geflickte Schuhe, abgetragene und schmutzige Lumpen – das ist die passende Bekleidung für einen Bettler. Seid ihr nicht, geistlich gesehen, so gekleidet? Je ärmer der Elende, desto willkommener ist er an der Tür der göttlichen Barmherzigkeit. Je weniger Eigenes du hast, desto willkommener bist du Ihm, *»der allen gern und ohne Vorwurf gibt« (Jak. 1,5).*

Ja, es ist alles eine Gabe Gottes. Das ist das Evangelium, das wir predigen:

> *»Denn so [sehr] hat Gott die Welt geliebt, dass Er Seinen eingeborenen Sohn gab, damit jeder, der an Ihn glaubt, nicht verlorengeht, sondern ewiges Leben hat« (Joh. 3,16).*

> *»Und darin besteht das Zeugnis, dass Gott uns ewiges Leben gegeben hat, und dieses Leben ist in Seinem Sohn« (1.Joh. 5,11).*

Von Gottes Seite aus ist alles ein Geben, von unserer Seite aus ein Empfangen.

Die Verheißung ist schon längst gegeben, und sie ist kostenfrei gegeben. Sie wird erfüllt werden, und sie wird kostenfrei erfüllt werden. Gott beginnt nicht mit dem Geben und fordert dann später einen Preis. Für den Empfang Seiner Gnade ist keine Gebühr zu zahlen. Keinen Cent fordert oder nimmt Er entgegen; Seine Liebe ist ganz und gar eine Gabe. Als eine Gabe kannst du Seine Verheißung annehmen. Er wird sich nicht Selbst herabwürdigen, indem Er auf andere Bedingungen hört. Er gibt sie frei, umsonst und wird keinen Preis akzeptieren, den ihr zahlen könnt. Der Preis wurde von Seinem Sohn bezahlt.

Das Wort »gegeben« in unserem Text ist ein deutlicher Ruf an die Ärmsten der Armen. O dass sie doch nur den wahren Glauben hätten und zum Herrn um Gnade riefen! Nach dem Reichtum Seiner Gnade verheißt Gott Errettung und ewiges Leben allen, die an Seinen Sohn Jesus Christus glauben. Seine Verheißung ist fest und gewiss. Wie kommt es, dass die meisten Menschen ihr nicht glauben?

Lieber Leser, was sagst du zu der Verheißung, die so kostenfrei allen Gläubigen gegeben ist?

Willst du ihr glauben und ihr entsprechend leben?

SO WIE ICH BIN, SO KOMME ICH

Just as I Am, Without One Plea

1. So wie ich bin, so komme ich,
nur durch Dein Blut, das floss für mich;
kein eignes Werk – ich trau auf Dich,
o Gottes Lamm, allein auf Dich.

2. So wie ich bin, komm ich zu Dir.
Schenk heute wieder Gnade mir.
Wie oft versage ich doch hier!
O Gottes Lamm, ich komm zu Dir.

3. So wie ich bin – vom Sturm gejagt,
von Kampf und Zweifeln oft geplagt,
vom Feind bedroht und sehr verzagt –
o Gottes Lamm, Dir sei's geklagt.

4. So wie ich bin, oft schwach und blind,
komm ich zu Dir, Herr, als Dein Kind;
bei Dir ich Reichtum, Gnade find –
o Gottes Lamm, ich bin Dein Kind!

5. So wie ich bin – Du liebtest mich
schon lang, bevor ich kannte Dich,
hast mich errettet gnädiglich –
o Gottes Lamm, ich liebe Dich.

Charlotte Elliott (1789–1871)
Deutsch: Voice of Hope

»Daher kann Er auch
diejenigen vollkommen erretten,
die durch Ihn zu Gott kommen,
weil Er für immer lebt,
um für sie einzutreten.«

HEBRÄER 7,25

KAPITEL 3

DIE VERHEISSUNG GOTTES IST WAHR

Es ist etwas Wunderbares, dass der ewige Gott Seinen eigenen Geschöpfen Verheißungen gibt. Bevor Er Sein Wort gab, war Er frei zu tun, was Ihm gefiel. Aber nachdem Er ein Versprechen gegeben hat, ist Er aufgrund Seiner Wahrhaftigkeit und Ehre daran gebunden, das zu tun, was Er gesagt hat.

Für Ihn ist das in der Tat keine Einschränkung Seiner Freiheit; denn die Verheißung ist stets die Erklärung Seines souveränen Willens und Wohlgefallens. Es ist Ihm immer eine Freude, Seinem Wort gemäß zu handeln. Obwohl Gott frei ist, zu tun, was Er will, beugt Er sich herab, um mit uns Bündnisse zu schließen. Er muss es nicht, dennoch entscheidet Er sich dafür, es zu tun.

Der Herr hat einen Gnadenbund mit uns Menschen geschlossen, in dem Er Seine Verheißungen bestätigt hat, nicht nur durch die Zusage Seines Wortes, sondern indem Er auch einen Eid gegeben hat, *»damit wir durch zwei unabänderliche Handlungen, in denen Gott unmöglich lügen konnte, eine starke Ermutigung haben, wir, die wir unsere Zuflucht dazu genommen haben, die dargebotene Hoffnung zu ergreifen« (Hebr. 6,18).*

In diesem Bund sind viele wunderbare Verheißungen enthalten, alle in Jesus Christus bestätigt und für immer auf der Grundlage göttlicher Wahrheit gegründet. In Ihm haben wir die *»Hoffnung des ewigen Lebens, das Gott, der nicht lügen kann, vor ewigen Zeiten verheißen hat« (Tit. 1,2).*

Gott hat es verheißen, und auf die Glaubwürdigkeit dieser Verheißung bauen wir als Sein Volk unsere Zuversicht für Zeit und Ewigkeit. Wir halten es nicht für unvernünftig, das Heil unserer Seele auf die Verheißung unseres treuen Schöpfers zu gründen. Um uns in solchem Vertrauen zu bestärken, wurden die Verheißungen nicht nur gesprochen, sondern auch niedergeschrieben. Man sagt oft, dass man einen Vertrag gern schwarz auf weiß haben möchte, und in diesem Fall haben wir es. *»In der Buchrolle steht von Mir geschrieben« (Ps. 40,8),* sagte der Herr. Auf den von Gott inspirierten Blättern steht das Testament, der Bund. Und wenn wir unserer Bibel glauben, so sind wir auch verpflichtet, uns auf die darin enthaltenen Verheißungen zu verlassen.

Gerade das ist bei vielen eine Ursache großer Schwachheit, dass sie die Verheißungen Gottes nicht als etwas Reales behandeln. Wenn ein Freund ihnen ein Versprechen gibt, so betrachten sie das als etwas Wichtiges und erwarten, dass es eingehalten wird. Aber die Erklärungen Gottes werden oft einfach als Worte angesehen, die sehr wenig bedeuten. Das bereitet dem Herrn große Unehre und uns selbst viel Schaden. Seid versichert, dass der Herr niemals gedankenlos mit Worten umgeht. *»Was Er gesagt hat, sollte Er es nicht tun?« (4.Mo. 23,19).*

Seine Zusagen werden immer eingehalten. David sagte von den Verheißungen, die ihm der Herr gab:

> *»Denn Er hat einen ewigen Bund mit mir gemacht, in allem wohlgeordnet und sicher – wird Er nicht alles gedeihen lassen, was mir zum Heil und zur Freude dient?« (2.Sam. 23,5).*

Gott spricht wohlüberlegt, in der rechten Ordnung und mit fester Entschlossenheit, und wir können uns darauf verlassen, dass Seine Worte sicher sind und so gewiss in Erfüllung gehen werden, wie sie gesprochen wurden.

Ist irgendjemand, der auf den Herrn vertraute, zuschanden geworden?

Kann man ein Beispiel dafür finden, dass Gott Seinem Wort untreu geworden ist?

Die Zeitalter können keinen einzigen Beweis dafür erbringen, dass der Gott Israels, der die Verheißungen gegeben hat, von dem abgewichen wäre, was Er gesprochen hat.

Wir bewundern Treue an Menschen, und wir können uns nicht vorstellen, dass sie im Wesen Gottes fehlen sollte. Deshalb können wir zuversichtlich damit rechnen, dass Er Sein Wort halten wird. Man erzählt, dass die Truppen von General Gebhard Leberecht von Blücher zauderten, als er dem Herzog Wellington bei Waterloo zu Hilfe eilte. »Wir können es nicht schaffen«, sagten sie. »Wir *müssen* es aber schaffen«, war Blüchers Antwort. »Ich habe es *versprochen*, da zu sein – versprochen, hört ihr's? Ihr wollt doch nicht, dass ich mein Wort breche?«

Er war in Waterloo, gemäß seiner Worte; er wollte sich nicht davon abhalten lassen, denn er hatte sein Versprechen gegeben. Wir loben solche Treue. Wir würden nicht viel von jemandem halten, der sein Wort nicht hält.

Sollte der Herr, der allmächtige Gott, Seine Verheißung brechen? Nein, Er würde eher Himmel und Erde bewegen und das Weltall erschüttern, als dass Er Sein Wort nicht erfüllte. Er scheint zu sagen: »Es muss geschehen, Ich habe es versprochen – versprochen, hört ihr's?« Um Seine Verheißung zu erfüllen, verschonte Er Seinen eigenen Sohn nicht. Er hielt es für besser, dass Jesus stirbt, als dass das Wort des Herrn gebrochen würde.

Ich sage es noch einmal: Verlasst euch darauf! Der Herr meint, was Er sagt, und Er wird jedes Wort erfüllen. Es ist traurig, dass Ihm dennoch niemand als nur die Erwählten glauben.

Lieber Leser, glaubst du Ihm wirklich?

Ganz gleich, wer sonst lügen und betrügen mag – Gott wird wahrhaftig sein. Wenn alle Wahrheit in der ganzen Welt zusammengefasst werden könnte, so würde sie nur wie ein Tropfen im Eimer sein im Vergleich mit der Wahrhaftigkeit Gottes. Die Wahrheitsliebe der ehrlichsten Menschen bedeutet nichts im Vergleich mit der zuverlässigen Wahrhaftigkeit

Gottes. Die Treue der aufrichtigsten Menschen ist wie Dampf; aber die Treue Gottes ist wie ein Felsen. Wenn wir schon »guten« Menschen vertrauen, so sollten wir dem guten Gott unendlich mehr vertrauen.

Warum erscheint es als etwas Seltsames, sich auf die Verheißung Gottes zu stützen?

Irgendwie erscheint es manchen als eine träumerische, sentimentale, mystische Sache; und doch, wenn wir es ruhig ansehen, ist es die allernüchternste Handlungsweise, die es nur geben kann. Gott ist real; alles andere vergeht wie Rauch. Er ist zuverlässig; alles andere ist ungewiss. Er muss Sein Wort halten, das ist eine absolute Notwendigkeit. Wie könnte Er sonst Gott sein?!

Gott zu glauben sollte eine Handlung der Seele sein, zu der es keiner Anstrengung bedarf. Selbst wenn schwierige Einwände erhoben werden könnten, sollten die, welche einfältigen und reinen Herzens sind, spontan sagen: *»Vielmehr erweist sich Gott als wahrhaftig, jeder Mensch aber als Lügner« (Röm. 3,4).* Wenn man Gott weniger als rückhaltlosen Glauben schenkt, so beraubt man Ihn der Ehre, die Seiner fleckenlosen Heiligkeit gebührt.

Unsere Pflicht Gott gegenüber verlangt es, dass wir Seine Verheißung annehmen und danach handeln. Jeder ehrliche Mann hat ein Recht darauf, dass man ihm glaubt, und noch viel mehr verdient es der Gott der Wahrheit.

Wir sollten die Verheißung als die Substanz der verheißenen Sache betrachten, gerade so wie wir einen Scheck oder Wertpapiere als eine tatsächliche Bezahlung ansehen. Zahlungsversprechen gehen im täglichen Geschäftsleben von Hand zu Hand, als wären sie das bare Geld des Geschäftsinhabers; und Gottes Verheißungen sollten in demselben Licht betrachtet werden. Lasst uns glauben, *»dass wir das Erbetene haben, das wir von Ihm erbeten haben« (1.Joh. 5,15)*. Er ist es wert, dass wir das tun, und Er verheißt, solchen Glauben zu belohnen.

Lasst uns die Verheißung als etwas so Sicheres und Gewisses betrachten, dass wir danach handeln und sie so zu einem Hauptfaktor bei allen unseren Überlegungen machen. Der Herr verheißt das ewige Leben denen, die an das vollbrachte Werk Jesu Christi glauben. Wenn wir also wirklich an Jesus glauben, sollten wir daraus schließen, dass wir ewiges Leben haben, und uns über dieses große Privileg freuen.

Die Verheißung Gottes ist der beste Grund unserer Gewissheit; Träume, Visionen und eingebildete Offenbarungen haben keine Grundlage. Gottes Verheißung ist weitaus vertrauenswürdiger als Gefühle, sei es Freude oder Kummer. Es steht geschrieben: *»Wer an Ihn glaubt, wird nicht gerichtet« (Joh. 3,18).* Ich glaube an Jesus; darum werde ich nicht gerichtet. Dies ist eine gute Beweisführung, und die Schlussfolgerung ist gewiss.

Wenn Gott es gesagt hat, dann ist es so, ohne jeden Zweifel. Nichts kann gewisser sein als das, was Gott Selbst verheißen hat. Nichts wird sicherer geschehen, als was Er mit Seiner eigenen Hand und Seinem eigenen Siegel garantiert hat.

Wenn eine Seele vom Heiligen Geist überführt wird, nimmt sie die Drohungen des Herrn mit einer deutlich spürbaren Intensität des Glaubens wahr, denn ein ehrfürchtiger Glaube erzeugt im Herzen eine überwältigende Angst und großes Entsetzen. Warum sollten nicht die Verheißungen mit ähnlichem Bewusstsein angenommen werden?! Warum sollten sie nicht mit derselben Gewissheit angenommen werden? Wenn es im Gewissen verstanden wird, dass derjenige, der nicht glaubt, gerichtet wird, dann sollte es mit gleicher Gewissheit angenommen werden, dass derjenige, der glaubt und getauft wird, gerettet werden wird, weil Letztgenanntes ebenso sehr das Wort Gottes ist wie das Erstgenannte (Mk. 16,16).

Manche bekehrte Seelen neigen dazu, die überführenden Verse des Wortes Gottes häufiger zu lesen und deren volle Kraft zu erfahren, während sie zur gleichen Zeit die Verheißungen vernachlässigen und sie in Zweifel ziehen, als wären sie zu gut, um wahr zu sein. Das ist Torheit. Jeder Segen ist zu gut für uns, um ihn zu empfangen, wenn wir ihn an unserer Unwürdigkeit messen; aber kein Segen ist für Gott zu gut, um ihn zu geben, wenn wir die Dinge nach Seiner überragenden Vortrefflichkeit beurteilen. Es ist der Natur eines Gottes der Liebe gemäß, grenzenlosen Segen zu spenden. Wenn Alexander der Große wie ein König gab, sollte dann nicht der Herr wie ein Gott geben?

Manchmal hört man Leute sagen: »Das ist so sicher wie der Tod.« Wir meinen, dass wir ebenso passend sagen können: »Das ist so sicher wie das Leben.« Gnadenvolle Dinge von Gott sind so sicher wie Seine *»[furchtgebietenden Taten] in Gerechtigkeit« (Ps. 65,6). »Jeder, der an Ihn glaubt, [geht] nicht verloren, sondern [hat] ewiges Leben« (Joh. 3,16).* Es muss so sein, denn Gottes Wort hat es gesagt, und es gibt keinen Zweifel daran.

Ja, der Herr meint, was Er sagt. Er verhöhnt die Menschen niemals mit nutzlosen Worten und leeren Tönen. Warum sollte Er Seine Geschöpfe täuschen und von ihnen ein wertloses Vertrauen fordern? Der Herr kann über Sein Wort hinausgehen, indem Er mehr gibt, als man meinen könnte; aber nie kann Er weniger geben.

Wir können Seine Verheißungen nach dem großzügigsten Maßstab interpretieren; Er gibt niemals weniger als die größtmögliche Menge, die wir bezüglich der Verheißung erwarten können. Der Glaube hat noch nie den Segen des Herrn übertroffen. Lasst uns die Verheißung annehmen und uns freuen, dass sie Wirklichkeit ist und nicht nur ein Schatten. Wir dürfen uns schon jetzt darüber freuen, dass das, worauf wir hoffen, Realität ist.

O GNADE, DIE MIR ZUGEWANDT

Amazing Grace

1. O Gnade, die mir zugewandt
und einst erlöste mich!
Ich war verlor'n, bis Gott mich fand;
war blind, jetzt sehe ich.

2. Die Gnade lehrte Furcht mein Herz
und nahm mir Angst und Not.
Sie heilte meinen Sündenschmerz,
versöhnte mich mit Gott.

3. Gott gab uns Sein Verheißungswort,
es meine Hoffnung nährt;
Er ist mein Schutz und Zufluchtsort,
solang mein Leben währt.

4. Viel Mühe, Nöte, List, Gefahr
gibt's hier tagein tagaus.
Die Gnade hat mich stets bewahrt,
führt sicher mich nach Haus.

5. Und selbst nach tausend Jahren dort
in Gottes Herrlichkeit,
preist die Gemeinde ihren Gott
wie in der ersten Zeit.

John Newton (1725–1807)
Deutsch: Elli Ertner

»Mein Gott aber wird allen
euren Mangel ausfüllen nach
Seinem Reichtum in Herrlichkeit
in Christus Jesus.«

PHILIPPER 4,19

KAPITEL 4

DER BESONDERE SCHATZ DER GLÄUBIGEN

Gottes Verheißungen sind der besondere Schatz der Gläubigen. Das Wesentliche vom Erbteil des Glaubens liegt darin. Alle Verheißungen unseres Bundesgottes gehören uns, so dass wir sie als unseren persönlichen Besitz haben und festhalten können. Durch den Glauben eignen wir sie uns an und empfangen sie, und sie machen unseren wahren Reichtum aus. Wir genießen gewisse kostbare Dinge in dieser gegenwärtigen Zeit; aber der Hauptbestandteil unseres Reichtums, der größte Teil unseres Vermögens, liegt in *der Verheißung* unseres Gottes. Das, was wir in Händen haben, ist nur das Angeld des unermesslichen Gnadenlohnes, der uns zu gegebener Zeit ausgezahlt werden soll.

Der Herr gibt uns in Seiner Gnade schon jetzt alles, was für dieses Leben und für die Gottseligkeit nötig ist; aber Seine schönsten Segnungen sind für die kommende Zeit vorbehalten. Die uns von Tag zu Tag geschenkte Gnade ist unser Reisegeld auf dem Heimweg, aber sie ist nicht unser Vermögen. Die uns verliehenen Güter sind nur Marschverpflegungen, aber nicht das Festmahl der Liebe, das am Ziel auf uns wartet. Wir können diese Mahlzeiten am Wege entbehren, aber nicht unsere Bestimmung: das Hochzeitsmahl des Lammes (Off. 19,9).

Diebe können uns unseres Bargeldes berauben; aber unser besonderer Schatz ist mit Christus in Gott verborgen, jenseits aller Furcht vor Verlust. Die Hand, die blutete, um uns diesen Schatz zu erwerben, bewahrt ihn für uns auf.

Es ist eine große Freude, sich des Anrechts an den Verheißungen gewiss zu sein. Doch diese Freude können wir verlieren, und es wird uns vielleicht schwer fallen, sie wieder zu erlangen. Trotzdem bleibt uns das ewige Erbteil sicher erhalten. Es ist, als wenn ein Mann eine Kopie seiner Eigentumsurkunde in der Hand hätte und sich beim Lesen derselben sehr darüber freut, bis sie durch irgendein Unglück gestohlen oder verlegt wird. Der Verlust seiner Besitzurkunde bedeutet aber nicht den Verlust seiner Rechte. Er kann seine Kopie zwar nicht mehr lesen, bis sie ersetzt ist; aber sein Anrecht auf sein Eigentum ist nicht erschüttert.

Die Bundesverheißung gilt jedem Miterben Christi, und es gibt keinen Bruch dieser Verpflichtung. Viele Ereignisse können dahin tendieren, das Sicherheitsgefühl des Gläubigen zu erschüttern; aber die Verheißung ist *»dem ganzen Samen sicher« (Röm. 4,16).* Unser größter Besitz liegt nicht in irgendeinem gegenwärtigen Trost oder einer Zuversicht, die wir durch die Verheißung erhalten, sondern in der Verheißung selbst und in dem herrlichen Erbe, das sie uns zusichert.

Unser Erbteil liegt nicht im Hier und Jetzt. Die Stadt, in der wir wohnen werden, liegt nicht innerhalb der Grenzen dieses Lebens; wir sehen sie von ferne, aber wir erwarten, dass wir uns an ihr in vollem Umfang erfreuen an jenem herrlichen Tag, wenn unser Herr in Seiner Herrlichkeit geoffenbart wird und all die Seinen mit Ihm. Gottes Fürsorge ist unsere irdische Versorgung; aber Gottes Verheißung ist unser himmlisches Erbe.

Habt ihr je darüber nachgedacht, warum Gott Seinen Auserwählten Verheißungen schenkt?

Er hätte Seine Segnungen ja auch sofort und ohne Vorankündigung erteilen können, ohne uns von Seiner Absicht in Kenntnis zu setzen. Auf diese Weise hätte Er die Notwendigkeit eines Bundes mit uns Menschen überflüssig gemacht.

Es lag in der Natur der Sache, dass es keine Notwendigkeit für diesen Plan der Verheißung gab. Der Herr hätte uns alle Gnadenerweise geben können, die wir brauchen, ohne zu versprechen, dass Er so handeln würde. Gott hätte mit Seiner großen Willensstärke und Zielstrebigkeit insgeheim bei sich Selbst beschließen können, all das zu tun, was Er für die Gläubigen tut, ohne sie zu Vertrauten Seiner göttlichen Ratschlüsse zu machen. Er hat seid Grundlegung der Welt viele Beschlüsse geheim gehalten; warum hat Er dann Seine Segensabsichten offenbart? Wie kommt es, dass Er an Seinem Volk von den Pforten des Paradieses an bis jetzt durch öffentlich ausgesprochene Verheißungen gehandelt hat?

Beantwortet sich die Frage nicht selbst? Erstens *hätten wir nicht Christen werden können, wenn es keine Verheißung gegeben hätte, an die wir glauben konnten.* Wenn die Ordnung des Heils auf dem Glauben beruhen sollte, so muss es eine Verheißung geben, auf welche sich der Glaube stützen kann.

Der Plan zur Errettung durch den Glauben ist gewählt worden, weil er dem Prinzip der Gnade am meisten entspricht; und dies schließt das Geben von Verheißungen ein, damit der Glaube sowohl Nahrung als auch Grundlage habe. Glaube ohne eine Verheißung würde unseren Füßen keinen festen Boden verleihen, auf dem wir stehen können. Und ein solcher Glaube – wenn er überhaupt Glaube genannt werden könnte – wäre des Ratschlusses der Gnade unwürdig. Mit der Wahl des Glaubens zur großen evangeliumsgemäßen Richtlinie wird die Verheißung zu einem wesentlichen Teil des Evangeliumszeitalters.

Außerdem ist es ein wunderbarer Gedanke, dass *unser guter Gott uns absichtlich Verheißungen von Gutem schenkt, damit wir uns doppelt an ihnen erfreuen können: zuerst durch den Glauben, und dann durch ihre Erfüllung.* Er schenkt also zweimal, indem Er uns Verheißungen gibt; und wir empfangen auch zweimal, indem wir die Verheißung durch den Glauben ergreifen. Die Zeit für die Erfüllung vieler Verheißungen ist noch nicht gekommen; aber durch den Glauben erfassen wir die Verheißung, und die Vorahnung des zu erwartenden Segens erfüllt unsere Seele mit seinem Nutzen, lange bevor er tatsächlich eintritt.

Wir haben ein hervorragendes Beispiel dafür in den Heiligen des Alten Testaments. Die große Verheißung des Samens, in welchem die Völker gesegnet werden sollten, war der Grund des Glaubens, das Fundament der Hoffnung und die Ursache der Errettung für Tausende von Gläubigen, ehe der Sohn Gottes tatsächlich unter den Menschen erschien.

Unser Herr hat gesagt: *»Abraham, euer Vater, frohlockte, dass er Meinen Tag sehen sollte; und er sah ihn und freute sich« (Joh. 8,56).* Der große Vater der Gläubigen sah mit den Augen des Glaubens den Tag Christi durch das Fernrohr der Verheißung Gottes; und obwohl er nicht die Erfüllung jener Verheißung erlebte, sondern wie Isaak, Jakob und viele andere der Heiligen vor dem Kommen des Herrn starb, hatte er doch Christus, auf den er vertrauen konnte, Christus, in dem er sich freuen konnte, Christus, den er lieben und dem er dienen konnte. Bevor Christus in Bethlehem geboren oder auf Golgatha geopfert wurde, wurde Jesus von wahren Gläubigen so erkannt, dass sie sich freuten. Die Verheißung gab ihnen den Retter, ehe Er tatsächlich erschien.

So ist es gegenwärtig mit uns: Mittels der Verheißung gelangen wir in den Besitz von Dingen, die wir noch nicht gesehen haben. Durch die Vorwegnahme vergegenwärtigen wir uns den zukünftigen Segen. Der Glaube hebt die Zeit auf, macht die Entfernung zunichte und bringt Zukünftiges sogleich in unseren Besitz. *»Wir erwarten aber nach Seiner Verheißung neue Himmel und eine neue Erde, in denen Gerechtigkeit wohnt« (2.Pt. 3,13).* Die Verheißung einer solchen Freude erleuchtet das Dunkel unserer Bedrängnis und gewährt uns sofort einen Vorgeschmack der Herrlichkeit.

Wir triumphieren durch den Glauben, ehe unsere Hände wirklich die Palmzweige des Sieges ergreifen. Wir regieren schon jetzt mit Christus durch die Verkündigung des Evangeliums, ehe wir den unverwelklichen Ehrenkranz empfangen haben (1.Pt. 5,4). Viele, viele Male haben wir den »Himmel« geöffnet gesehen, während wir das Licht sahen, das aus der Verheißung hervorbrach. Wenn der Glaube stark gewesen ist, sind wir auf den Berg gestiegen, auf dem Mose stand und in das Land hinüberschaute, *»in dem Milch und Honig fließt« (5.Mo. 31,20; 34,1).*

Wir haben mittels der Verheißung genug gesehen, um der Herrlichkeit ganz gewiss zu sein, welche der Herr *»denen bereitet hat, die Ihn lieben«*

(1.Kor. 2,9). Und so haben wir einen ersten Vorgeschmack der verheißenen Glückseligkeit erhalten und darin ein sicheres Unterpfand für den vollen und endgültigen Genuss derselben gefunden.

Meint ihr nicht, dass die Verheißung auch dazu vorgesehen ist, uns ständig von den sichtbaren Dingen weg und vorwärts und aufwärts zu den geistlichen und unsichtbaren Dingen zu führen? Wer von den Verheißungen Gottes lebt, ist in eine ganz andere Atmosphäre aufgestiegen als jene, die uns in den niedriggelegenen Tälern des täglichen Lebens niederdrückt. *»Besser ist's, bei dem HERRN Schutz zu suchen, als sich auf Menschen zu verlassen; besser ist's, bei dem HERRN Schutz zu suchen, als sich auf Fürsten zu verlassen!« (Ps. 118,8-9)*. Und so ist es in der Tat, denn es ist geistlicher, edler und erbaulicher. Zu diesem erhabenen Vertrauen müssen wir durch die göttliche Kraft emporgezogen werden, denn unsere Seele klebt von Natur aus an der Erde.

Ach, wir werden durch unseren abgöttischen Wunsch, zu sehen, zu fühlen und zu betasten, gehindert. Wir vertrauen unseren fünf Sinnen; aber wir haben nicht genug Verstand, um unserem Gott zu vertrauen. Der gleiche Geisteszustand, der Israel in der Wüste dazu veranlasste, zu rufen:

»Auf, mache uns Götter, die uns vorangehen sollen!« (2.Mo. 32,1), veranlasst uns dazu, nach etwas Greifbarem für Fleisch und Blut zu verlangen, an dem sich unser Vertrauen festmachen kann. Wir sehnen uns nach Beweisen, Zeichen und Indizien und wollen nicht die göttliche Verheißung als besser und sicherer annehmen als alle sichtbaren Zeichen. So verkümmern wir in unserem Hunger nach sichtbaren Zeichen und Beweisen, bis wir dazu getrieben werden, das Bessere und Gewissere zu versuchen, das unsichtbar ist.

Oh, es ist eine gesegnete Sache für ein Kind Gottes, wenn es dahin gebracht wird, den Sand der zeitlichen Dinge für den Felsen der ewigen einzutauschen, und wenn es sich dazu berufen weiß, nach dem Grundsatz der Verheißung zu wandeln!

Außerdem sind die Verheißungen eine Hilfe für unsere Herzen, die Realität des Herrn Selbst zu erkennen. Wenn das Kind Gottes der Verheißung glaubt, wird es dahin gebracht, zu glauben, dass Gott *»ist und dass Er die belohnen wird, welche Ihn suchen« (Hebr. 11,6)*. Wir neigen dazu, uns von einem realen Gott zu entfernen. Wir leben und bewegen uns im Bereich des Materialismus, und wir sind geneigt, uns von dessen Einflüssen gefangen nehmen zu lassen. Wir fühlen, dass unsere Leiber real sind, wenn wir Schmerzen daran empfinden, und wir fühlen, dass diese Welt real ist, wenn wir mit ihren Leiden und Schwierigkeiten beschwert sind – doch der Leib ist ein armseliges Zelt und die Welt nur eine Seifenblase. Beides wird nicht von Dauer sein. Diese sichtbaren Dinge sind unbedeutend; aber sie erscheinen uns leider sehr solide.

Was wir nötig haben, ist zu wissen, dass das Unsichtbare ebenso real ist wie das Sichtbare, ja sogar noch mehr. Wir brauchen einen lebendigen Gott in dieser sterbenden Welt, und wir müssen Ihn wirklich in unserer Nähe haben, sonst gehen wir zugrunde. Der Herr lehrt Sein Volk, Ihn Selbst zu erkennen. Die Verheißung ist ein Teil dieses Erziehungsprozesses.

Wenn der Herr uns Glauben schenkt und wir in Seiner Verheißung zur Ruhe kommen, so werden wir Ihm persönlich gegenübergestellt. Wir fragen:

Wer gab diese Verheißung?

Wer wird diese Verheißung erfüllen?

Unsere Gedanken werden somit in die Gegenwart des herrlichen Gottes geführt. Wir erkennen, wie notwendig Er für unser ganzes geistliches Leben ist und wie sehr Er in dieses Leben eintritt, so dass wir *»in Ihm leben, weben und sind« (Apg. 17,28).*

Wenn die Verheißung uns ermutigt, dann nur deshalb, weil Gott hinter ihr steht. Denn die bloßen Worte der Verheißung bedeuten uns nichts, es sei denn, sie kommen von den Lippen Gottes, der nicht lügen kann, und werden durch die Hand erfüllt, der nichts misslingen kann. Die Verheißung ist die Absicht des göttlichen Ratschlusses, die Vorschattung des kommenden Segens. In der Tat, sie ist das Zeichen dafür, dass Gott uns nahe ist.

Wir müssen von Gott abhängig sein im Blick auf die Erfüllung Seines Wortes, und das ist einer Seiner Gründe, weshalb Er mit uns nach dem Prinzip der Verheißung umgeht. Würde der Herr uns Seine Gnadenerweise vor die Tür legen, ohne sie vorher anzukündigen, dann würden wir uns vielleicht nicht darum kümmern, woher sie kommen. Würde Er sie mit ununterbrochener Regelmäßigkeit senden, so wie Er Seine Sonne jeden Morgen aufgehen lässt, so würden wir sie vielleicht als die gewöhnlichen Erscheinungsformen der Naturgesetze gering schätzen, und somit würden wir gerade wegen der Pünktlichkeit Seiner Versorgung unsere Abhängigkeit von Ihm vergessen. Jedenfalls würde uns diese großartige Bestätigung des Wesens und der Güte Gottes fehlen, die wir jetzt erhalten, wenn wir eine Verheißung lesen, sie im Glauben annehmen, sie im Gebet erflehen und sie zur rechten Zeit erfüllt sehen.

Gerade die Regelmäßigkeit der göttlichen Freigebigkeit, die den Glauben aufrechterhalten und stärken und vermehren sollte, schwächt ihn oft. Wer sein Brot dank eines festen Einkommens oder einer monatlichen Rente erhält, steht in Versuchung zu vergessen, dass Gott Seine Hand dabei im Spiel hat. Es sollte nicht so sein. Aber unsere Herzenshärtigkeit ist schuld daran, dass die Beständigkeit einer gnädigen Fürsorge oft ein so schlimmes Resultat zur Folge hat.

Es würde mich nicht erstaunen, wenn jene Israeliten, die in der Wüste geboren worden waren und jahrelang jeden Morgen das Manna gesammelt hatten, auch aufgehört hätten, sich darüber zu wundern oder die Hand des Herrn darin zu erkennen. Es ist eine beschämende Torheit, aber wie oft kommt sie vor! Viele Leute haben von der Hand in den Mund gelebt und die Hand des Herrn in jedem Stückchen Brot gesehen; später haben sie durch Gottes Güte in dieser Welt Wohlstand erlangt und ein regelmäßiges Einkommen erzielt, so dass sie ohne Sorge und Not leben konnten, und innerhalb einer kurzen Zeit haben sie dies als das natürliche Resultat ihrer eigenen harten Arbeit betrachtet und nicht mehr die Freundlichkeit des Herrn gepriesen.

Ohne das Bewusstsein der Gegenwart des Herrn zu leben, ist ein schrecklicher Zustand. Versorgt, aber nicht von Gott! Erhalten, aber ohne die Hand Gottes!

Es wäre besser, arm oder krank oder verbannt zu sein und durch unsere Umstände angetrieben zu werden, sich unserem himmlischen Vater zu nahen. Damit wir nicht unter den Fluch geraten, Gott zu vergessen, gefällt es dem Herrn, Seine besten Segnungen an Seine Verheißungen zu koppeln und unseren Glauben an sie herauszufordern.

Er will nicht gestatten, dass Seine Gnadenerweise zu Schleiern werden, die Sein Angesicht vor den Augen unserer Liebe verbergen, sondern Er macht sie zu Fenstern, durch die Er auf uns herabblickt. Der Verheißende wird in der Verheißung erkannt, und wir warten darauf, Seine Hand in der Erfüllung zu erblicken; so werden wir von dem Unglauben errettet, der von Natur in den Herzen aller Menschen ist.

Ich halte es für gut zu wiederholen: Wir sind unter die Ordnung der Verheißung gestellt, damit wir im Glauben wachsen.

Wie könnte es Glauben geben
ohne eine Verheißung?

Wie könnte der Glaube wachsen,
ohne immer mehr von der
Verheißung zu erfassen?

In der Stunde der Not müssen wir uns daran erinnern, dass Gott gesagt hat: *»Und rufe Mich an am Tag der Not, so will Ich dich erretten, und du sollst Mich ehren!« (Ps. 50,15).* Der Glaube erfasst dieses Wort, ruft Gott an und sieht sich gerettet. Auf diese Weise wird er gestärkt und veranlasst, den Herrn zu preisen.

Manchmal erfährt der Glaube die Erfüllung der Verheißung nicht sofort, sondern er muss eine Weile warten. Das ist eine gute Übung für ihn und dient dazu, seine Aufrichtigkeit und Stärke zu erproben. Diese Probe schenkt dem Gläubigen Gewissheit und erfüllt ihn mit Trost. Nach und nach wird das Gebet erhört, der verheißene Segen wird geschenkt, der Glaube wird mit Sieg gekrönt, und Gott wird die Ehre gegeben. Aber inzwischen hat der Aufschub die Geduld der Hoffnung hervorgebracht und jeder Gnadengabe einen doppelten Wert verliehen. Verheißungen bieten ein Übungsfeld für den Glauben. Sie helfen uns, unseren jungen Glauben zu trainieren, damit er immer stärker wird. Wenn unser Vertrauen auf Gott fest ist, können wir angesichts der unmöglichen Dinge ruhevoll sagen: »Es soll geschehen.« Aber dies könnten wir nicht, wenn es nicht eine unfehlbare Verheißung gäbe, mit der der Glaube sich umgürten kann.

Die Verheißungen der Heiligen Schrift sind wertvolle Hilfsmittel für unseren Fortschritt im geistlichen Leben. Wir werden durch *»die überaus großen und kostbaren Verheißungen« (2.Pt. 1,4)* ermutigt, nach höheren Dingen zu streben. Die Aussicht auf zukünftige gute Dinge stärkt uns im Ausharren und Vorwärtsgehen. Wir sind wie kleine Kinder, die gehen lernen und durch einen vorgehaltenen Apfel ermutigt werden, einen Schritt nach dem anderen zu tun. Durch den Anblick einer Verheißung werden wir dazu überredet, die zitternden Beine unseres Glaubens zu erproben. Dadurch werden wir dazu gebracht, unserem Gott einen Schritt näher zu kommen.

Das kleine Kind hält sich sehr gern an einem Stuhl fest; es ist schwer, es dazu zu bringen, alles loszulassen und sich nur auf seine eigenen Füße zu verlassen; aber schließlich wird es mutig genug für einen kurzen Gang, der auf dem Schoß seiner Mutter endet. Dieses kleine Wagnis führt zu einem weiteren und noch einem und noch einem …, bis es endlich ganz allein laufen kann. Der Apfel spielt eine große Rolle in der Erziehung des Kindes, und ebenso hilft uns die Verheißung im Wachstum des Glaubens. Verheißung auf Verheißung haben wir empfangen, bis wir, wie ich hoffe, das Kriechen auf der Erde und das Hängen an Dingen, die auf ihr stehen, aufgeben und uns auf den Weg des Glaubens begeben können.

Die Verheißung ist ein nötiges Hilfsmittel in der Erziehung unserer Seelen im Blick auf alle geistlichen Gnadengaben und Handlungen. Wie oft habe ich gesagt: »O Herr, ich habe viel von Dir empfangen. Gepriesen sei Dein Name dafür. Aber es gibt immer noch eine weitere Verheißung, an der ich mich noch nicht erfreut habe; deshalb will ich vorwärts gehen, bis ich ihre Erfüllung erlange! Die Zukunft ist ein unbekanntes Land, aber ich trete mit Deiner Verheißung hinein und erwarte, dort dieselbe Güte und Gnade zu finden, die mir bisher gefolgt sind; ja, ich schaue nach noch größeren Dingen aus!«

Auch darf ich nicht vergessen, euch daran zu erinnern, dass die Verheißung Teil der Verwaltung unseres geistlichen Zustands auf Erden ausmacht, weil sie zum Gebet treibt. Was ist Gebet anderes als die flehentlich erbetene Verheißung?! Eine Verheißung ist sozusagen das Rohmaterial des Gebets. Das Gebet bewässert die Felder des Lebens mit dem Wasser, das in den Behältern der Verheißung vorrätig ist. Die Verheißung ist die Kraft des Gebetes. Wir gehen zu Gott, und wir sagen zu Ihm: »Tu, wie Du gesagt hast. O Herr, hier ist Dein Wort; wir bitten Dich, es zu erfüllen.«

So ist die Verheißung der Bogen, mit dem wir die Pfeile der flehentlichen Bitten abschießen. Ich freue mich, wenn ich in der Zeit meiner Not eine Verheißung finde, die genau auf meine Bedürfnisse zugeschnitten ist; dann lege ich meinen Finger darauf und sage: »Herr, das ist Dein Wort; ich bitte Dich, nun zu beweisen, dass es so ist, indem Du es an mir erfüllst. Ich glaube, dass dies Deine Handschrift ist, und ich bitte Dich, erfülle sie für meinen Glauben.«

Ich glaube an die vollständige Inspiration der Schrift, und ich erwarte demütig vom Herrn eine vollständige Erfüllung jedes Satzes, den Er hat aufzeichnen lassen. Es ermutigt mich wie David (Ps. 27,8), dem Herrn Sein Wort vorzuhalten, das Er gebraucht hat, und ich erwarte, dass Er tut, was Er gesagt hat, weil Er es gesagt hat. Es ist etwas Großartiges, durch die Not zum Gebet getrieben zu werden; aber es ist noch besser, durch die von der Verheißung erweckte Erwartung dazu bewogen zu werden.

Würden wir überhaupt beten, wenn Gott uns nicht Veranlassung zum Beten gäbe und uns – durch gnadenreiche Verheißungen einer Antwort – ermutigte?

Wie die Dinge auch stehen, werden wir nach Gottes Vorsehung geprüft, und dann prüfen wir die Verheißungen. Wir werden zum geistlichen Hunger gebracht, und dann werden wir gespeist mit *»einem jeden Wort, das aus dem Mund Gottes hervorgeht!« (Mt. 4,4).*

Durch die Art und Weise, wie der Herr mit Seinen Erwählten umgeht, werden wir in ständiger Gemeinschaft mit Ihm gehalten, und wir können unseren himmlischen Vater nicht vergessen. Wir sind oft am Gnadenthron, preisen Gott für erfüllte Verheißungen und machen andere geltend, auf die wir uns verlassen. Wir machen unzählige Besuche in der göttlichen Wohnstätte, weil wir eine Verheißung dort geltend zu machen haben, und weil wir einen Gott haben, der darauf wartet, gnädig zu sein. Ist dies nicht eine Anordnung, für die wir dankbar sein sollten? Sollten wir den Herrn nicht dafür erheben, dass Er nicht nur Ströme von nicht verheißenen Segnungen über uns ausgießt, sondern auch den Wert Seiner Wohltaten steigert, indem Er sie zum Gegenstand Seiner Verheißung und zum Objekt unseres Glaubens macht?

»… durch welche Er uns die ***überaus großen und kostbaren*** Verheißungen gegeben hat.«

2. PETRUS 1,4

KAPITEL 5

DIE WERTSCHÄTZUNG DER VERHEISSUNGEN

Wir haben über die Verheißungen als unseren Schatz nachgedacht. Es ist jetzt an der Zeit, dass wir einen Überblick über sie gewinnen und ihren Wert versuchen aufzuzeigen. Da die Verheißungen unser Reichtum sind, wollen wir eine richtige Einschätzung unseres Vermögens vornehmen. Es ist möglich, dass wir nicht vollständig verstehen, wie reich wir sind. Es wäre schade, in Armut dahinzusiechen, nur weil wir unsere großartigen Hilfsquellen nicht kennen. Möge der Herr uns in Seiner Gnade durch den Heiligen Geist helfen, die Reichtümer an Gnade und Herrlichkeit angemessen wertzuschätzen, die für uns als Sein Volk in der Bundesverheißung bereitliegen!

Der Apostel Petrus nennt die Verheißungen »überaus groß und kostbar«. Sie übertreffen in der Tat alle Dinge, mit denen sie verglichen werden könnten. Niemand hat je so verheißen, wie Gott es getan hat. Könige haben sogar bis zur Hälfte ihres Königreichs versprochen; aber was ist das schon?! Gott verhieß, Seinen eigenen Sohn und damit sich Selbst für Sein Volk dahinzugeben; und Er tat es. Fürsten ziehen irgendwo eine Grenze, aber der Herr setzt den Gaben, die Er für Seine Erwählten bestimmt hat, keine Schranken.

Die Verheißungen Gottes übertreffen nicht nur alles Vorhergegangene, sondern auch alle Nachahmungen. Selbst mit dem Vorbild Gottes vor Augen ist doch niemand fähig gewesen, mit Ihm an Freigebigkeit zu wetteifern. Die Verheißungen Gottes stehen so hoch über allen anderen Verheißungen, wie der Himmel über der Erde ist.

Sie übertreffen auch alle Erwartung. Er tut für uns *»weit über die Maßen mehr … als wir bitten oder verstehen« (Eph. 3,20)!* Niemand hätte sich vorstellen können, dass der Herr solche Verheißungen geben würde, wie Er es getan hat. Sie übertreffen alles, was wir uns erträumen können. Sogar die optimistischsten Hoffnungen bleiben weit dahinter zurück, und die erhabensten Ideen werden überflügelt. Die Bibel muss wahr sein, denn sie hätte nicht von Menschen erfunden werden können.

Die in ihr enthaltenen Verheißungen sind größer an Anzahl und besser an Qualität, als die hoffnungsvollsten Menschen hätten erwarten können. Gott überrascht uns mit der außerordentlichen Fülle Seiner ermutigenden Worte. Er überhäuft uns mit Segnungen, bis wir wie Elisabeth staunend rufen: *»Woher wird mir das zuteil?« (Lk. 1,43).*

Die Verheißungen übertreffen alle Messwerte: Es ist ein Tiefgang in ihrer Bedeutung, ein Himmel von Höhe in ihrer Vortrefflichkeit und ein Ozean von Breite in ihrer Dauer. Wir könnten von jeder Verheißung sagen: *»[Sie] ist mir zu wunderbar, zu hoch, als dass ich sie fassen könnte!« (Ps. 139,6).*

Als ein Ganzes genommen, zeigen die Verheißungen die Fülle und Allgenugsamkeit Gottes: Wie Gott Selbst erfüllen sie alle Dinge. Unbegrenzt in ihrer Reichweite sind sie überall um uns herum, ob wir wachen oder schlafen, ausgehen oder heimkehren. Sie decken das ganze Leben ab, von der Wiege bis zum Grab. Eine Art Allgegenwart kann ihnen zugeschrieben werden; denn sie umgeben uns an allen Orten und zu allen Zeiten. Sie sind unser Kissen, wenn wir einschlafen, und wenn wir aufwachen, sind sie noch bei uns. *»Und wie kostbar sind mir Deine Gedanken, o Gott! Wie ist ihre Summe* *so gewaltig!« (Ps. 139,17).* Sie übersteigen alle Vorstellungen und Berechnungen. Wir bewundern sie und beten ihren Geber an; aber wir können sie niemals ermessen.

Die Verheißungen übertreffen sogar alle Erfahrung. Diejenigen Männer und Frauen Gottes, die ihren Herrn fünfzig oder sechzig Jahre lang gekannt haben, haben doch noch lange nicht alle Schätze aus Seiner Verheißung herausgezogen. Etwas Besseres und Tieferes ist noch vorbehalten, das in der Zukunft erforscht werden muss. Wer durch Erfahrung am tiefsten in die Tiefen der göttlichen Verheißung hineintaucht, ist sich sehr wohl bewusst, dass es noch eine tiefere Tiefe unergründlicher Gnade und Liebe gibt.

Die Verheißung ist länger als das Leben, weitreichender als die Sünde, tiefer als das Grab und höher als die Wolken. Wer am meisten mit dem »goldenen Buch« der Verheißungen vertraut ist, der ist doch noch ein Anfänger in dessen Studium. Selbst die Ältesten Israels bezeugen, dass dieses Buch alle Erkenntnis übertrifft.

Gewiss brauche ich nicht erst zu sagen, dass die Verheißungen jede Beschreibung übertreffen. Wenn mir alle Zungen der Menschen und Engel gegeben wären, so könnte ich euch nicht sagen, wie großartig die Verheißungen Gottes sind. Sie übertreffen nicht nur eine Sprache, sondern alle Sprachen. Sie übertreffen die glühenden Lobpreisungen aller Anbeter, die jemals gesprochen haben. Sogar die Engel vor dem Thron begehren immer noch, in diese Wunder hineinzuschauen (1.Pt. 1,12), denn sie können das Geheimnis noch nicht ergründen – in seiner Länge und Breite und Höhe. In Jesus Christus übersteigt alles jede Beschreibung; die Verheißungen in Ihm erschöpfen die Kraft jeder Sprache. Es ist für mich eine vergebliche Mühe, das Unmögliche zu versuchen.

Petrus sagt, dass die Verheißungen »überaus groß« sind. Er sagt, dass es so ist, und er wusste es sehr gut. Sie kommen von einem großen Gott, sie versichern uns einer großen Liebe, sie kommen zu großen Sündern, sie bewirken für uns großartige Ergebnisse, und sie betreffen große Dinge. Sie sind der Inbegriff der Größe selbst; sie bringen uns den großen Gott, der für immer und ewig unser Gott sein will.

Gottes erste Verheißung war diejenige, in welcher Er sich verpflichtete, uns Seinen Sohn zu geben. Wir sind es gewohnt zu sagen: *»Gott aber sei Dank für Seine unaussprechliche Gabe!« (2.Kor. 9,15);* aber diese Worte sollten nicht zu leicht über unsere

Lippen gehen. Dass Gott Seinen eingeborenen Sohn gibt, ist eine unvorstellbar große Liebestat; tatsächlich scheint »groß« ein zu schwaches Wort zu sein, um ein solches Wunder der Liebe zu beschreiben.

Und als der Herr Seinen Sohn geschenkt und Ihn aus freien Stücken für uns alle dahingegeben hat – was tat Er dann? Er verhieß, den Heiligen Geist, den Tröster, zu senden, der immer bei uns bleiben sollte. Können wir den Wert dieser großartigen Verheißung ermessen? Der Heilige Geist kam zu Pfingsten herab in Erfüllung jener alten Weissagung. War nicht dieses wunderbare Herabsteigen eine überaus große und kostbare Gabe? Denkt daran, dass der Heilige Geist in uns allen jene Gnadengüter bewirkt, die uns für die Gemeinschaft des Himmels zubereiten. Ehre sei Gott für Seine grenzenlose Gnade!

Und wie ging es weiter? Unser Herr hat uns dann die Verheißung gegeben, dass Er ein zweites Mal erscheinen wird, *»nicht wegen der Sünde, sondern zum Heil« (Hebr. 9,28).*

Können alle Heiligen zusammen
die Größe der Verheißung Seines
zweiten Kommens völlig ermessen?

Sie bedeutet unendliche Freude für alle Erlösten. Was hat Er sonst noch verheißen?

- *Er versprach, dass wir auch mit Ihm leben werden, weil Er lebt.*
- *Wir werden eine unvergängliche Wonne für unsere Seelen besitzen.*
- *Wir werden uns auch der Auferstehung unserer Leiber erfreuen.*
- *Wir werden mit Christus herrschen;*
- *wir werden zu Seiner Rechten verherrlicht sein.*

Erfüllte und unerfüllte Verheißungen, Verheißungen für die Zeit und für die Ewigkeit – sie sind in der Tat so großartig, dass es unmöglich ist, sich vorzustellen, dass sie noch größer sein könnten.

> *Wie fest ist der Felsen, das Wort unsres Herrn,*
> *der Grund unsres Glaubens, der leitende Stern!*
> *Sein Wort ist vollkommen, mehr brauchen wir nicht*
> *zum Glauben, zur Rettung, zum Leben im Licht.*
>
> John Rippons (1752–1836)

Ihr, deren Sinn darin geschult ist, mit erhabenen Gedanken umzugehen – sagt mir, wie hoch ihr die zuverlässigen Verheißungen einschätzt! Ich finde eine Verheißung der Sündenvergebung. Ihr, denen vergeben ist, erklärt die Größe dieses Segens! Dort ist die Verheißung der Sohnschaft (Eph. 1,5).

Ihr Kinder Gottes, ihr fangt an zu erkennen, *»welch eine Liebe uns der Vater erwiesen [hat]« (1.Joh. 3,1);* drückt eure Freude darüber aus! Hier ist die Verheißung der rechtzeitigen Hilfe in der Zeit der Not.

Ihr, die ihr durch Prüfungen gegangen seid, ihr wisst, wie der Herr Seine Erwählten aufrechterhält und befreit; verkündet die Größe Seiner Gnade! Dort ist die Verheißung: *»Wie deine Tage, so sei deine Kraft!« (5.Mo. 33,25).* Ihr, die ihr schwere Arbeit für Christus zu tun habt oder Sein Kreuz Tag für Tag tragt, ihr empfindet, wie überaus großartig diese Verheißung zuverlässiger Unterstützung ist. Was für ein wunderbares Wort ist das doch: *»Wer in Lauterkeit wandelt, dem versagt Er nichts Gutes!« (Ps. 84,12).* Welch ein Satz ist das: *»Denen, die Gott lieben, [dienen] alle Dinge zum Besten, denen, die nach dem Vorsatz berufen sind« (Röm. 8,28).*

Wer kann die Tragweite einer solch gnadenvollen Zusicherung ermessen?! Nein, du brauchst den Zollstock nicht aus der Tasche zu ziehen; er wird dir hierbei nichts nützen. Selbst wenn du die Entfernung eines Fixsterns als Grundlage nehmen könntest, wäre doch noch alles Rechnen unmöglich. Alle Messschnüre, die jemals die Grundstücke der Reichen gemessen haben, sind hier nutzlos. Ein gewisser Millionär rühmt sich, dass sein Besitz von Meer zu Meer reiche; aber kein Ozean kann den Besitz einschränken, der uns durch die Verheißung unseres treuen Gottes zugesichert ist. Das Thema ist so überaus großartig, dass es meine Ausdrucksfähigkeit übersteigt, und deshalb sehe ich davon ab.

Der Vers, über den wir jetzt nachdenken, spricht von *»überaus großen und kostbaren Verheißungen«*. Größe und Kostbarkeit finden sich selten beieinander; aber hier sind sie in höchstem Maße vereinigt. Wenn der Herr Seinen Mund auftut, um eine Verheißung zu geben, dann ist es sicher, dass sie Seiner würdig ist: Er spricht Worte von außerordentlicher Kraft und Reichhaltigkeit. Statt nun zu versuchen, über die Kostbarkeit der Verheißungen lehrhaft zu sprechen, will ich auf die Erfahrungen derjenigen zurückgreifen, die sie erprobt und bewiesen haben.

Geliebte, wie kostbar sind die Verheißungen für die Armen und Bedürftigen! Diejenigen, die ihre geistliche Armut kennen, erkennen den Wert der Verheißung, die ihrem Fall entspricht. Wie kostbar sind die Verheißungen auch für diejenigen, die sich ihrer Erfüllung erfreut haben!

Als Christen können wir uns an Zeiten und Abschnitte erinnern, in denen wir niedergeschlagen waren und der Herr uns Seinem Wort gemäß geholfen hat. Noch bevor Er uns *»aus der Grube des Verderbens« (Ps. 40,3)* zog, bewahrte Er uns davor, im tiefen Schlamm zu versinken, indem Er auf die Zeit wartete, in der Er zu unserer Errettung erscheinen würde. Seine Verheißung bewahrte uns vor dem Hungertod, lange bevor wir zum Festmahl der Liebe gelangten. In der Erwartung künftiger Prüfungen ruht unsere Zuversicht auf der Verheißung. Daher ist sie für uns sehr kostbar, noch bevor sie wirklich erfüllt wird.

Je mehr wir der Verheißung glauben, desto mehr finden wir in ihr, um zu glauben. Das Wort des Herrn ist uns so kostbar, dass wir eher alles, was wir haben, hergeben würden, als einen einzigen Satz dieses Wortes wegzuwerfen. Wir können nicht wissen, welche Verheißung des Herrn wir als Nächstes brauchen werden; was wir bisher kaum beachtet haben, kann sich in einem bestimmten Augenblick als lebenswichtig erweisen. Gott sei Dank, wir sind nicht dazu aufgerufen, uns von irgendeinem der Edelsteine aus dem Brustschild der Heiligen Schrift zu trennen. Sie sind alle Ja und Amen in Jesus Christus, *»Gott zum Lob durch uns!« (2.Kor. 1,20)*.

Wie kostbar sind die Verheißungen, wenn wir krank darniederliegen, monatelang in die Ewigkeit blicken und durch Schmerzen und Müdigkeit schwer geprüft und versucht werden! Alle bedrückenden Umstände verlieren ihre Kraft zum Bösen, wenn unser Glaube sich fest an die Verheißungen Gottes klammert.

Wie schön ist es zu erkennen, dass ich meinen Kopf auf der Verheißung und mein Herz auf der Verheißung habe: Ich ruhe auf der Wahrheit des Allerhöchsten! Nicht auf irdischer Nichtigkeit, sondern auf himmlischer Wahrhaftigkeit ruhe ich. Es gibt nichts, was mit dieser vollkommenen Ruhe vergleichbar wäre. Die Perle des Friedens ist unter den kostbaren Verheißungen zu finden. Das ist in der Tat kostbar, was sterbende Menschen stützen kann und sie dazu bringt, mit so viel Freude in die Ewigkeit zu gehen, als ob sie zu einem Hochzeitsfest gehen würden. Das, was ewig währt und ewig gut ist, ist am kostbarsten. Das, was alles mit sich bringt und alles in sich trägt, das ist in der Tat kostbar – und das ist die Verheißung Gottes.

Wenn die Verheißungen so groß und kostbar sind, sollten wir sie freudig annehmen und glauben. Sollte ich ein Kind Gottes antreiben, dies zu tun? Nein, ich will es nicht beleidigen; es wird ja gewiss seinem eigenen Vater glauben! Gewiss sollte es für die Söhne und Töchter des Allerhöchsten die leichteste Sache der Welt sein, an Den zu glauben, der ihnen das Anrecht gegeben hat, *»Kinder Gottes zu werden« (Joh. 1,12).*

Liebe Christen, zweifelt nicht an der Verheißung, sondern bleibt fest im Glauben!

Außerdem sollten wir die Verheißungen kennen. Sollten wir sie nicht an den Fingern aufzählen können? Sollten wir sie nicht besser kennen als alles andere? Die Verheißungen sollten die Klassiker der Gläubigen sein. Auch wenn ihr das allerneueste Buch nicht gelesen und den letzten Gesetzesentwurf der Regierung nicht gehört habt, so wisst ihr doch sehr wohl, was Gott der Herr gesagt hat, und erwartet, dass Sein Wort in Erfüllung geht. Wir sollten in der Heiligen Schrift so bewandert sein, dass wir stets die Verheißung auf den Lippen haben, die am besten auf die jeweilige Situation zutrifft. Wir sollten Abschriften der Heiligen Schrift sein: Die göttliche Verheißung sollte ebenso in unsere Herzen geschrieben sein wie auf die Seiten des Buches der Bücher.

Es ist sehr bedauerlich, wenn ein Kind Gottes nicht weiß, dass es eine königliche Verheißung gibt, die es bereichern würde. Es ist bemitleidenswert, wenn jemand von uns dem armen Mann gleicht, dem ein Vermögen hinterlassen worden war, von dem er nichts wusste, und der deshalb fortfuhr, die Straße zu fegen und um Geld zu betteln.

Was nützt es, zu Hause einen Anker zu haben, wenn euer Schiff auf dem Meer in einen Sturm gerät?

Was hilft euch eine Verheißung, an die ihr euch nicht erinnern könnt, um sie im Gebet geltend zu machen?

Was auch immer ihr nicht wissen mögt, bemüht euch, mit den Worten des Herrn vertraut zu sein, die für unsere Seelen nötiger sind als das Brot für unseren Leib!

Lasst uns auch von den Verheißungen Gebrauch machen! Vor kurzem gab mir ein Freund einen Scheck für bestimmte Hilfswerke und sagte zu mir: »Achte darauf, dass du ihn heute bei der Bank einzahlst.« Ihr könnt sicher sein, dass ich das getan habe. Ich bewahre die Schecks nicht auf, um sie anzusehen und damit zu spielen; ich bringe sie zur Bank, und der Betrag wird in Empfang genommen und verbraucht.

Die kostbaren Verheißungen unseres großen Gottes sind ausdrücklich dazu bestimmt, zu Ihm gebracht und gegen die darin verbürgten Segnungen eingetauscht zu werden. Durch das Gebet wird die Verheißung auf die Bank des Glaubens gebracht und dafür der goldene Segen erlangt. Achtet darauf, wie ihr betet! Macht es zu einer echten Angelegenheit. Es soll nie eine tote Formalität sein.

Manche Menschen beten lange, erhalten jedoch nicht das, worum sie zu bitten beabsichtigen, weil sie die Verheißung nicht auf wahrheitsgemäße, sachliche Weise vorbringen. Wenn du zu einer Bank gehst, dort eine Stunde lang mit dem Bankangestellten sprichst und dann ohne dein Geld wieder herauskommst, was hättest du davon? Wenn ich zu einer Bank gehe, reiche ich meinen Scheck über den Schalter, nehme mein Geld und gehe meiner Arbeit nach.

Das ist die beste Art zu beten. Bitte um das, was du möchtest, weil der Herr es verheißen hat. Glaube, dass du den Segen hast, und gehe in dieser Gewissheit an deine Arbeit. Stehe singend von deinen Knien auf, denn die Verheißung ist erfüllt; so wird dein Gebet erhört werden. Nicht die Länge, sondern die Stärke deines Gebetes ist es, die bei Gott zählt. Und die Stärke des Gebetes liegt in deinem Glauben an die Verheißung, die du vor dem Herrn erfleht hast.

Zum Schluss: Sprich von den Verheißungen. Erzähle den Hausgenossen des Königs, was der König gesagt hat. Behalte die Lampen Gottes nie unter dem Scheffel. Verheißungen sind Verkündigungen: Hänge sie an der Wand auf! Ach, wenn doch unsere Unterhaltung häufiger mit den kostbaren Verheißungen Gottes versüßt würde!

Nach dem Essen sitzen wir oft eine halbe Stunde oder länger zusammen, und einige ziehen über ihre Prediger her oder schimpfen über ihre Nachbarn und die Obrigkeit. Wie oft ist dies das sonntägliche Vergnügen!

Es wäre viel besser, wenn wir, sobald wir es mitbekommen, sagen würden: »Nun, mein Freund, nenne eine Verheißung!«, und wenn der andere dann erwiderte: »Und du nennst auch eine.« Dann soll jeder nach seiner persönlichen Erkenntnis über die Erfüllung dieser Verheißungen durch den Herrn sprechen, und jeder Anwesende soll die Geschichte von der Treue des Herrn ihm gegenüber erzählen. Durch solch ein heiliges Gespräch sollten wir unsere eigenen Herzen erwärmen und uns gegenseitig erfreuen, und somit würde der Tag des Herrn in rechter Weise verbracht werden.

Geschäftsleute reden von ihrem Geschäft, Reisende von ihren Abenteuern und Bauern von ihrer

Ernte; sollten wir als Christen nicht reichlich von der Güte des Herrn erzählen und von Seiner Treue sprechen? Wenn wir dies täten, so würden wir alle der Aussage des Petrus zustimmen, dass unser Gott uns *»die überaus großen und kostbaren Verheißungen«* geschenkt hat.

WIE FEST IST DER FELSEN

How Firm a Foundation

1. Wie fest ist der Felsen, das Wort unsres Herrn,
der Grund unsres Glaubens, der leitende Stern!
Sein Wort ist vollkommen, mehr brauchen wir nicht
zum Glauben, zur Rettung, zum Leben im Licht.

2. Mein Kind, Ich bin mit dir, so fürchte dich nicht!
Denn Ich bin dein Gott, der Sein Wort niemals bricht.
Ich stärke dich, helf' dir und halte dich fest
mit mächtiger Hand, die dich niemals verlässt.

3. Wenn Ich dich auch heiße durchs Wasser zu gehn,
und reißende Stürme sehr wild um dich wehn,
so bin Ich doch bei dir und will durch das Leid
dich heiligen, segnen, dass Frucht draus gedeiht.

4. Gehst du auch durchs Feuer der Prüfung dahin,
am Ende des Weges siehst du einen Sinn.
Es kann dir nichts schaden, Gott ist dir nicht fern;
Er will dich verwandeln, ins Bild unsres Herrn.

5. Wohl dir, der du dich ganz auf Christus verlässt;
kein Feind wird dich treffen; Ich halte dich fest.
Wenn Hölle und Teufel auch gegen dich sind,
verlasse Ich niemals, ja niemals Mein Kind.

John Rippons (1752–1836)
Deutsch: Elli Ertner

»Und der HERR gab Salomo Weisheit,
wie Er ihm verheißen hatte.«

1. KÖNIGE 5,26

KAPITEL 6

GOTT ERFÜLLT SEINE VERHEISSUNGEN

Wie der Herr die Weisheit in Salomo bewirkte, weiß ich nicht. Aber Er verhieß, dass Er ihm Weisheit geben würde, und Er hielt Sein Wort. Je mehr man darüber nachdenkt, desto bemerkenswerter erscheint diese Tatsache.

Salomo war nicht unter den für die Weisheit günstigsten Umständen geboren worden. Als das Lieblingskind eines älteren Vaters war er wahrscheinlich verwöhnt. Als junger Mann, der auf den Thron kam, bevor er nach dem Lauf der Natur überhaupt dafür geeignet war, war es sehr wahrscheinlich, dass er große Fehler und Irrtümer begehen würde. Als ein Mann mit starken sinnlichen Leidenschaften, die ihn schließlich auch überwältigten, schien er sich eher als Wüstling und nicht als ein Weiser zu erweisen. Als jemand, der über großen Reichtum, unumschränkte Macht und gleichbleibenden Wohlstand verfügte, besaß er wenig von jener schwierigen Erfahrung, durch die die Menschen Weisheit erwerben.

Wer waren seine Lehrmeister? Wer lehrte ihn, weise zu sein? Seine bußfertige Mutter mag ihm viel von gesunder Moral und Religion vorgelebt haben; aber sie hätte ihm niemals jenen herausragenden Grad an Weisheit vermitteln können, der ihn über alle anderen Menschen erhob und ihn auf den Gipfel des Ruhmes stellte. Er wusste mehr als andere und konnte deshalb seine Weisheit nicht von ihnen entlehnt haben. Die Weisen saßen ihm zu Füßen, und sein Ruhm brachte Pilger von den Enden der Erde herbei; keiner konnte sein Lehrmeister gewesen sein, denn er übertraf sie alle. Wie konnte dieser Mann zur absoluten Vormachtstellung in der Weisheit aufsteigen, so dass sein Name für alle Zeiten zum Synonym für einen weisen Mann wurde?

Es ist ein sehr mysteriöser Prozess, diesen Meisterverstand zu erschaffen. Wer soll einem jungen Mann Weisheit verleihen? Man kann ihm Kenntnisse vermitteln, aber nicht Weisheit. Kein Erzieher, kein Meister, kein Geistlicher kann einem anderen Menschen Weisheit verleihen; er muss sich mit viel Mühe selbst ein wenig davon verschaffen.

Doch »*Gott gab Salomo … Weite des Herzens, wie der Sand, der am Meeresufer liegt*« *(1.Kön. 5,9)*, und eine Weisheit, die ihresgleichen sucht; denn Gott kann alles tun. Durch Vorgänge, die nur Ihm Selbst bekannt waren, erzeugte der Herr in dem jungen König eine Fähigkeit der Beobachtung, des Denkens und des umsichtigen Handelns, die niemals ihresgleichen hatte oder haben wird. Wir haben oft die Weisheit Salomos bewundert; ich lade euch noch mehr dazu ein, die Weisheit unseres Herrn zu bewundern, durch den Salomos wunderbare Genialität hervorgebracht wurde.

Der Grund, weshalb der Herr dieses Wunder an Salomo vollbrachte, war, dass Er verheißen hatte, es zu tun, und Er hält Sein Wort mit Sicherheit! Viele andere Bibeltexte würden mir ebenso gut dienen wie dieser, denn alles, was ich damit hervorheben möchte, ist dies: ***Was immer Gott jemandem verheißen hat, das wird Er ihm sicherlich geben.*** Ob es nun Weisheit für Salomo oder Gnade für meinen Leser ist – wenn der Herr die Verheißung gegeben hat, wird Er nicht zulassen, dass es ein toter Buchstabe ist.

Der Gott, der Sein Wort in diesem sehr bemerkenswerten Beispiel erfüllt hat, wo die Sache so völlig außerhalb menschlicher Macht lag und von so ungünstigen Umständen begleitet war, wird Seine Verheißung auch in anderen Fällen erfüllen, wie schwierig und geheimnisvoll der Prozess der Erfüllung auch sein mag. Gott wird Sein Wort immer buchstabengetreu einhalten; ja, Er wird gewöhnlich sogar über das hinausgehen, was der Buchstabe zu bedeuten scheint.

In dem vorliegenden Fall gab Er Salomo nicht allein Weisheit, sondern fügte ihm auch Reichtum und tausend andere Dinge hinzu, die in der Verheißung nicht enthalten waren. *»Trachtet vielmehr zuerst nach dem Reich Gottes und nach Seiner Gerechtigkeit, so wird euch dies alles hinzugefügt werden!« (Mt. 6,33).* Derjenige, der unendliche Segnungen verheißt, fügt alltägliche Dinge hinzu, als wären sie von geringer Bedeutung und würden wie selbstverständlich mitgeliefert, so wie das Papier und die Schnur des Lebensmittelhändlers, mit denen er unsere Waren einpackt.

Aus dem Fall Salomos und Tausenden ähnlicher Fälle lernen wir zunächst, dass *»wie Er [es] verheißen hat«* die Richtlinie des Gebens Gottes ist.

Die Seiten der Geschichte glänzen vor Beispielen. Der Herr verhieß unseren gefallenen Voreltern, dass der Same der Frau der Schlange den Kopf zertreten werde. Siehe, dieser wunderbare Same der Frau ist erschienen und hat den herrlichen Sieg unserer Erlösung errungen! In der Erfüllung dieser einen Verheißung haben wir die Sicherheit für die Einhaltung aller anderen.

Als Gott dem Noah verhieß, dass er beim Betreten der Arche sicher sein würde, da fand er es auch so vor. Nicht eine der unzähligen Wellen, die die vorsintflutliche Welt zerstörten, konnte in seinen sicheren Ort hineinbrechen. Als Gott zu Abraham sagte, dass Er ihm Nachkommen geben würde und ein Land, das diesen Nachkommen gehören sollte, schien dies unmöglich. Aber Abraham glaubte Gott, und als die Zeit gekommen war, hatte er die Freude, Isaak zu sehen und in ihm den verheißenen Erben zu erkennen.

Als der Herr dem Jakob verhieß, dass Er mit ihm sein und ihm Gutes tun wolle, hielt Er Sein Wort und gewährte ihm die Erlösung, um die er am Bach Jabbok gerungen hatte. Die seit langem schlummernde Verheißung, dass der Same Israels das Land in Besitz nehmen sollte, in dem Milch und Honig fließen, schien sich niemals zu erfüllen, als die Stämme Israels in Ägypten in die Sklaverei gerieten und der Pharao sie mit eiserner Faust festhielt und nicht gehen lassen wollte. Aber Gott, der sich für Sein Volk einsetzte, führte sie mit erhobener Hand und mit ausgestrecktem Arm heraus – und zwar genau an demselben Tag, an dem Er verheißen hatte, sie zu retten. Er teilte auch das Rote Meer und führte Sein Volk durch die Wüste, weil Er es ihnen verheißen hatte. Er teilte den Jordan in zwei Teile und trieb die Kanaaniter vor Seinem Volk aus und gab Israel das Land zum Erbe, gerade wie Er es verheißen hatte.

Die Geschichten über die Treue des Herrn sind so zahlreich, dass uns die Zeit nicht reichen würde, sie alle zu wiederholen. Gottes Worte sind immer zur rechten Zeit durch Gottes Taten gerechtfertigt worden. Gott hat mit den Menschen gemäß Seiner Verheißung gehandelt. Wann immer sie sich an die Verheißung klammerten und sprachen: »Tue, was Du gesagt hast«, hat Gott die Bitte erhört und bewiesen, dass es nicht vergeblich ist, auf Ihn zu vertrauen. Zu allen Zeiten war es Gottes unabänderliche Regel, Sein Wort buchstabengetreu und auf die Minute genau zu erfüllen.

»Das ist großes Gerede«, wendet einer ein; gut, dann wollen wir uns auf kleinere Reden beschränken. Es ist Gottes Art, Seine Verheißung gegenüber jedem Einzelnen einzuhalten. Wir selbst sind lebendige Zeugen dafür, dass Gott Sein Wort nicht vergisst. Zehntausende von uns können bezeugen, dass wir auf Ihn vertraut haben und nie zuschanden geworden sind.

Ich war einst ein Sünder mit zerbrochenem Herzen, der sich unter der schwarzen Wolke des Zornes des Allmächtigen zusammenkauerte, schuldig und verdammungswürdig, und ich fühlte, dass ich kein Wort gegen die Gerechtigkeit Seines Urteils einwenden konnte, wenn ich für immer aus Gottes Gegenwart verbannt würde. Als ich in Seinem Wort las: *»Wenn wir aber unsere Sünden bekennen, so ist Er treu und gerecht, dass Er uns die Sünden vergibt« (1.Joh. 1,9),* da ging ich zu Ihm. Zitternd beschloss ich, Seine Verheißung zu prüfen. Ich bekannte dem Herrn meine Übertretungen, und Er vergab mir meine Sündenschuld. Ich erzähle keine leere Geschichte, denn der tiefe, stille Friede, der in dem Augenblick der Vergebung in mein Herz einkehrte, war so groß, dass es mir schien, als hätte ich ein neues Leben begonnen; und so war es ja auch in der Tat.

Und dies trug sich so zu: An einem Sonntagmorgen hörte ich einen armen Mann über die

Verheißung sprechen: *»Schaut auf Mich, so werdet ihr gerettet, all ihr Enden der Erde« (Jes. 45,22; KJV).* Ich konnte nicht verstehen, wie ein bloßer Blick auf Christus mich retten könnte. Das schien mir eine zu einfache Handlung zu sein, um ein so großartiges Ergebnis zu erzielen; aber da ich bereit war, alles zu versuchen, so schaute ich – ich schaute auf Jesus.

Das war alles, was ich tat. Es war alles, was ich tun konnte. Ich blickte auf Ihn, den *»Gott zum Sühnopfer bestimmt [hat], [das wirksam wird] durch den Glauben an Sein Blut« (Röm. 3,25),* und in diesem Augenblick sah ich, dass ich mit Gott versöhnt war. Ich sah: Wenn Jesus an meiner Stelle gelitten hatte, konnte ich nicht auch noch leiden, und wenn Er alle meine Sünden trug, hatte ich keine Sünde mehr zu tragen. Meine Schuld muss getilgt sein, wenn Jesus sie an meiner Stelle getragen und die ganze Strafe dafür erlitten hat.

Bei diesem Gedanken kehrte ein wunderbarer Friede mit Gott durch Jesus Christus, meinen Herrn, in meine Seele ein. Die Verheißung ist wahr, und meine Erfahrung bestätigte das. Dieses Ereignis trug sich im Januar des Jahres 1850 zu, aber ich habe nie die Gewissheit der vollständigen Errettung verloren, die ich damals bekam, und auch den Frieden nicht, der damals in mein Leben einkehrte. Seit jener Zeit habe ich mich niemals vergeblich auf eine Verheißung Gottes verlassen. Ich habe mich in große Gefahren begeben, habe große Not erfahren, habe heftige Schmerzen empfunden und war mit anhaltenden Ängsten belastet; aber der Herr ist jeder Zeile Seines Wortes treu geblieben, und wenn ich Ihm vertraut habe, so hat Er mich durch alles hindurchgetragen, ohne zu versagen. Darauf gebe ich meine Hand, und darunter setze ich mein Siegel, ohne Zögern oder Vorbehalt.

Die Erfahrung aller Gläubigen ist in etwa dieselbe: Wir haben unser neues Leben in Freude und Frieden begonnen, indem wir an den Gott gläubig wurden, welcher die Verheißungen gegeben hat, und wir leben auch weiterhin in derselben Weise. Eine lange Liste erfüllter Verheißungen ist in unserer glücklichen Erinnerung allgegenwärtig, weckt unsere Dankbarkeit und festigt unser Vertrauen. Wir haben die Treue unseres Gottes Jahr für Jahr in mannigfacher Weise erprobt, aber immer mit demselben Ergebnis. Wir sind zu Ihm gegangen mit Verheißungen über alltägliche Dinge dieses Lebens, die das tägliche Brot, die Kleidung, die Kinder und das Zuhause betreffen; und der Herr hat gnädig an uns gehandelt. Wir haben uns an Ihn gewandt, wenn es um Krankheit, Verleumdung, Zweifel und Versuchung ging, und niemals hat Er uns im Stich gelassen.

In kleinen Dingen hat Er an uns gedacht: sind doch bei uns *»selbst die Haare des Hauptes alle gezählt« (Mt. 10,30)*. Als es sehr unwahrscheinlich schien, dass die Verheißung eingehalten werden könnte, hat Er sie doch mit bemerkenswerter Genauigkeit erfüllt.

Wir sind an der Falschheit der Menschen zerbrochen, aber wir haben gejubelt und jubeln noch immer über die Wahrhaftigkeit Gottes. Es treibt uns die Tränen in die Augen, wenn wir daran denken, auf welch überraschende Weise unser Gott Seine gnadenvollen Verheißungen in die Tat umgesetzt hat.

Lasst mich freimütig zu allen sprechen, die auf den Herrn vertrauen.

Ihr Kinder Gottes, ist euer himmlischer Vater euch nicht treu gewesen?

Ist dies nicht eure ständige Erfahrung, dass ihr fortwährend versagt, Er aber nie?

Wir können die göttliche Sprache in ihrem weitesten Sinn auslegen, und wir werden feststellen, dass die Verheißung des Herrn bis zum Äußersten ihrer Bedeutung eingehalten wird. Er gibt umfangreich und großzügig. Die Verheißung ist ein großes Gefäß, und der Herr füllt es bis zum Überfließen. Wie der Herr im Fall Salomos gegeben hat, *»wie Er ihm verheißen hatte« (1.Kön. 5,26),* so wird Er es in jedem Fall tun, solange die Welt besteht.

O Leser, glaube der Verheißung und erweise dich so als Erbe derselben. Möge der Heilige Geist dich dahin leiten, dies um Jesu willen zu tun!

»Gepriesen sei der HERR,
der Seinem Volk Israel Ruhe gegeben hat,
ganz wie Er es verheißen hat!
Von allen Seinen guten Worten, die
Er durch Seinen Knecht Mose
geredet hat, ist nicht ein
einziges Wort dahingefallen.«

1. KÖNIGE 8,56

KAPITEL 7

DIE REGEL OHNE AUSNAHME

GOTT GIBT DEN MENSCHEN GUTES GEMÄSS SEINER VERHEISSUNG.

Dies ist eine Tatsache und nicht nur eine Meinung. Wir verkünden dies und fordern die ganze Welt auf, Beweise zu erbringen, welche diese Behauptung widerlegen.

In diesem Punkt bin ich persönlich Zeuge. Meine Erfahrung hierin ist groß, und meine Beobachtungen sind weitreichend; aber ich habe noch niemals jemanden angetroffen, der Gott vertraute und dann erfahren hatte, dass die Verheißung des Herrn ihn im Stich ließ. Ich habe viele Lebende gesehen, die durch schwere Prüfungen hindurchgetragen wurden, indem sie in dem Wort des Herrn ruhten, und ich habe auch viele Sterbende gesehen, die durch dieselben Mittel im Tod triumphierten; aber ich bin noch niemals einem Gläubigen begegnet, der sich wegen seiner zeitlichen Leiden seiner Hoffnung schämte, noch einem, der auf seinem Sterbebett bereut hätte, dem Herrn vertraut zu haben.

All meine Beobachtungen weisen in die entgegengesetzte Richtung und bestätigen mich in der Überzeugung, dass der Herr allen treu ist, die sich auf Ihn verlassen. In dieser Angelegenheit wäre ich bereit, vor einem Gericht eine feierliche eidesstattliche Erklärung abzugeben. Ich würde nicht unter dem Vorwand eines frommen Betrugs die Unwahrheit aussprechen, sondern ich würde über diesen wichtigen Gegenstand als ehrlicher Zeuge ohne Scheu und Zweideutigkeit aussagen.

Ich habe noch nie einen Menschen in den Todesqualen darüber klagen sehen, dass er dem Herrn Jesus vertraut hat. Nein, mehr noch, ich habe niemals gehört, dass so etwas irgendwo oder irgendwann geschehen sei. Wenn es einen solchen Fall gegeben hätte, so hätten die Feinde des Evangeliums ihn überall bekannt gemacht; jede Straße hätte die schlimme Nachricht gehört, jeder Prediger wäre damit konfrontiert worden. An der Tür jeder Kirche hätte man Flugblätter gefunden, in denen berichtetet worden wäre, dass ein solcher Mensch, der ein heiliges Leben geführt und sich auf die Verdienste Jesu verlassen hatte, in seinen letzten Stunden entdeckt habe, dass er betrogen worden sei und dass die Lehre vom Kreuz nur eine Täuschung sei.

Wir fordern die Gegner heraus, ein solches Beispiel zu finden. Mögen sie es unter Reichen oder Armen, Alten oder Jungen finden. Möge der Feind selbst, wenn er kann, Zeugnis ablegen vom Scheitern einer einzigen Verheißung des lebendigen Gottes. Aber es ist noch nie gesagt worden, dass der Vater im Himmel einen aus Seinem Volk getäuscht habe, und es wird auch niemals gesagt werden; denn Gott steht zu jedem Wort, das Er je gesprochen hat.

Gott lässt sich niemals zu einer Lüge herab. Die bloße Vermutung ist gotteslästerlich.

Warum sollte Er trügerisch sein?

Was gibt es an Ihm, das Ihn veranlassen könnte, Sein Wort zu brechen?

Das würde Seiner Natur widersprechen. Wie könnte Er Gott sein und nicht gerecht und wahrhaftig sein?

Er kann deshalb Seine Verheißungen nicht durch irgendeinen Mangel an Treue brechen.

GOTT VERHEISST NIEMALS ETWAS, WAS ÜBER SEINE MACHT HINAUSGEHEN WÜRDE.

Oft beabsichtigen wir, unser Wort zu halten, aber wir werden durch äußere Umstände daran gehindert, und unser Versprechen ist hinfällig, weil wir es nicht erfüllen können. Bei dem allmächtigen Gott kann das nie der Fall sein, denn Seine Fähigkeit ist grenzenlos. Bei Ihm sind alle Dinge möglich.

Unser Versprechen mag irrtümlich gegeben worden sein, und wir mögen im Nachhinein entdecken, dass es falsch wäre, das zu tun, was wir versprochen haben. Aber Gott ist unfehlbar, und deshalb wird Sein Wort niemals aufgrund eines Irrtums zurückgezogen werden. Die unendliche Weisheit hat jeder Verheißung ihren Stempel aufgedrückt; jedes Wort des Herrn wird durch ein untrügliches Urteil registriert und durch die ewige Wahrheit bestätigt.

DIE VERHEISSUNG KANN NICHT SCHEITERN, DA UNSER HERR SICH NICHT ÄNDERT.

Wir ändern uns, wir armen, zerbrechlichen Geschöpfe, wie wir es sind! Aber bei *»dem Vater der Lichter [ist] keine Veränderung, noch ein Schatten infolge* *von Wechsel« (Jak. 1,17);* darum bleibt Sein Wort für immer dasselbe. Weil Er sich nicht ändert, stehen Seine Verheißungen fest wie die hohen Berge. *»Was Er gesagt hat, sollte Er es nicht tun?« (4.Mo. 23,19).* Unser starker Trost ruht auf der Unwandelbarkeit Gottes.

DAS WORT DES HERRN KANN NICHT DURCH VERGESSLICHKEIT SEINERSEITS HINFÄLLIG WERDEN.

Mit unserer Zunge sind wir oft schneller als mit unseren Händen; denn obwohl wir willig sind, versagen wir bei der Ausführung, weil andere Dinge dazwischenkommen und unsere Aufmerksamkeit ablenken. Wir vergessen, oder wir werden kalt. Aber niemals ist es so mit dem treuen Gott, der die Verheißungen gegeben hat. Seine älteste Verheißung ist Ihm noch frisch im Gedächtnis, und Er meint sie heute noch ebenso wie damals, als Er sie zum ersten Mal aussprach. Er gibt die Verheißung in der Tat immerfort, denn bei Ihm gibt es keine Zeit. Die alten Verheißungen der Schrift sind für den Glauben neue Verheißungen; denn jedes Wort geht noch immer aus dem Mund des Herrn, um Brot für die Menschen zu sein.

DAS WORT DES HERRN VERDIENT UNSEREN VÖLLIGEN GLAUBEN.

Wir können Menschen zu viel vertrauen, aber Gott können wir niemals zu viel vertrauen. Sein Wort ist die sicherste Wahrheit, die es je gegeben hat und die es je geben kann. Seinem Wort zu glauben bedeutet, das zu glauben, was niemand mit Recht in Frage stellen kann. Hat Gott es gesagt? Dann muss es wahr sein.

»Himmel und Erde werden vergehen, aber Meine Worte werden nicht vergehen« (Mt. 24,35).

Die Naturgesetze können außer Kraft gesetzt werden; das Feuer kann aufhören zu brennen, das Wasser kann versiegen, denn solche Veränderung würde keine Untreue vonseiten Gottes bedeuten. Aber wenn Sein Wort nicht gehalten würde, so würde dies eine entehrende Unbeständigkeit im Charakter und Wesen Gottes bedeuten. Und das ist ganz unmöglich. Lasst uns also besiegeln, dass Gott wahrhaftig ist, und niemals dulden, dass uns ein Misstrauen an Seiner Wahrhaftigkeit in den Sinn kommt.

Das unumstößliche Wort der Verheißung ist die Richtschnur für das Handeln Gottes und muss es immer sein. Bedenke dies ein wenig, während ich eine weitere Beobachtung mache, nämlich, dass gegenüber dieser Regel keine andere standhalten kann. Kein anderes Gesetz, weder ein vermeintliches noch ein wirkliches Gesetz, kann mit der Regel der Verheißung Gottes jemals in Widerspruch geraten.

Manchmal wird der Regel der Verheißung das Gesetz des Verdienstes entgegengestellt; aber es kann sich dagegen nicht behaupten. »Oh«, sagt der eine, »ich kann mir nicht vorstellen, dass Gott mich erretten will oder kann, denn es ist nichts Gutes in mir!« Da hast du recht, und deine Furcht kann nicht weggenommen werden, wenn Gott nach dem Maßstab des Verdienstes mit dir umgehen sollte. Aber wenn du wirklich an Seinen Sohn Jesus glaubst, so wird diese Regel nicht gelten, denn der Herr wird mit dir nach dem Maßstab Seiner Verheißung handeln. Die Verheißung aber war nicht auf dein Verdienst gegründet; sie wurde aus freien Stücken gegeben und wird auch ebenso frei gehalten werden.

Wenn du dich fragst, wie du ohne Verdienst gerechtfertigt werden kannst, so lass mich dich an Jesus erinnern, der kam, um Sein Volk von ihren

Sünden zu erretten. Die grenzenlosen Verdienste des Herrn Jesus können dir angerechnet und deine schlimmen Verfehlungen dadurch ein für alle Mal ausgeglichen werden. Das Gesetz des Verdienstes würde dich zum Verderben verurteilen, wenn du in deiner eigenen Person dafür geradestehen müsstest; wer aber glaubt, ist nicht unter dem Gesetz, sondern unter der Gnade; und unter der Gnade handelt der große Herr mit den Menschen nach reiner Barmherzigkeit, wie es in Seiner Verheißung offenbart worden ist.

Wähle nicht deine eigene Gerechtigkeit, sonst muss die Gerechtigkeit Gottes dich verdammen. Sei willig, das Heil als freies Geschenk anzunehmen, das dir geschenkt ist durch die Ausübung des souveränen Vorrechtes Gottes, der sagt:

> *»Wem Ich gnädig bin, dem bin Ich gnädig, und über wen Ich Mich erbarme, über den erbarme Ich Mich« (2.Mo. 33,19).*

Vertraue demütig auf die Gnade Gottes, die sich in Jesus Christus offenbart hat, und die Verheißung wird reichlich an dir erfüllt werden.

GOTT HANDELT MIT DEN MENSCHEN NICHT NACH DEM MASS IHRER FÄHIGKEIT.

»Oh«, sagt der Suchende, »ich denke, ich könnte errettet werden, wenn ich mich bessern oder gottesfürchtiger werden oder größeren Glauben haben könnte; aber ich bin ohne Kraft. Ich kann nicht glauben; ich kann nicht Buße tun; ich kann nichts Gutes tun!«

Denke daran, dass der gnädige Gott nicht verheißen hat, dich zu segnen nach dem Maß deiner Fähigkeit, Ihm zu dienen, sondern nach dem Reichtum Seiner Gnade, wie sie in Seinem Wort verkündigt wird. Wenn Seine Gaben im Verhältnis zu deiner geistlichen Kraft verliehen würden, so erhieltest du nichts. Denn du kannst nichts ohne den Herrn tun. Aber da die Verheißung gemäß der unendlichen göttlichen Gnade eingehalten wird, kann sie nicht in Frage gestellt werden.

Du brauchst nicht durch Unglauben an der Verheißung zu zweifeln, sondern kannst damit rechnen, dass Gott imstande ist, das zu tun, was Er verheißt. Schränke nicht den heiligen Gott dadurch ein, dass du denkst, Seine Liebe wäre durch dein Leistungsvermögen begrenzt. Die Wassermassen eines

Stromes sind nicht nach der Dürre der Wüste, durch die er fließt, zu berechnen; da besteht kein logischer Zusammenhang.

So lässt sich die Ausdehnung der unendlichen Liebe auch nicht dadurch berechnen, dass man sie an der menschlichen Schwachheit misst. Die Wirkung der allmächtigen Gnade wird nicht durch menschliche Kraft oder den Mangel an Kraft begrenzt. Gottes Macht wird Seine Verheißung einhalten.

Nicht deine Schwachheit ist es, die Gottes Verheißung vereiteln kann, noch deine Kraft, die sie erfüllen kann. Er, der das Wort sprach, wird es auch ausführen. Es ist weder deine Sache noch meine, Gottes Verheißungen einzuhalten. Das ist Sein Amt und nicht das unsere. Du bist schwach und hilflos; hänge den schweren Wagen deines Unvermögens an die große Lokomotive der Verheißung, und du wirst auf den Gleisen der Pflicht und des Segens entlanggezogen werden! Auch wenn du mehr tot als lebendig bist, auch wenn du mehr Schwachheit als Stärke hast, soll dies die Gewissheit der göttlichen Zusage nicht beeinträchtigen. Die Kraft der Verheißung liegt in Ihm, der die Verheißung gegeben hat. Darum blicke weg von dir selbst zu Gott.

Wenn du völlig erschöpft bist, dann setze dein Vertrauen auf göttliche Verheißungen.

Was wir tun können oder nicht tun können, ist nicht die Frage; alles hängt davon ab, was der Herr tun kann. Es reicht für uns, wenn wir unseren eigenen Verpflichtungen nachkommen, ohne zu versuchen, Gottes Verheißungen zu erfüllen. Ich möchte nicht, dass meine Mitmenschen an meiner Zahlungsfähigkeit zweifeln, weil ein Bettler, der in der nächsten Straße wohnt, seine Schulden nicht bezahlen kann. Warum sollte ich also dem Herrn misstrauen, weil ich Ursache habe, mir selbst zu misstrauen? Meine Fähigkeit ist eine ganz andere Sache als die Treue Gottes, und es ist eine Schande, wenn man diese beiden Dinge vermischt. Wir sollten unseren Gott nicht entehren, indem wir uns einbilden, dass Sein Arm zu kurz geworden sei, weil unser Arm schwach oder müde geworden ist.

WIR DÜRFEN GOTT NICHT MIT DEM MASSSTAB UNSERER GEFÜHLE MESSEN.

Oft hören wir die Klage: »Ich habe nicht das Gefühl, dass ich gerettet werden kann. Ich habe nicht das Gefühl, dass eine solche Sünde wie die meine vergeben werden kann. Ich halte es nicht für möglich, dass mein hartes Herz jemals erweicht und verändert werden kann.«

Das ist ein armseliges, törichtes Gerede. Inwiefern können uns unsere Gefühle in solchen Angelegenheiten leiten? Habt ihr das Gefühl, dass die Toten in ihren Gräbern wieder auferweckt werden können? Fühlt ihr überhaupt, dass auf die Kälte des Winters die Hitze des Sommers folgen wird? Wie könntet ihr diese Dinge fühlen? Ihr glaubt sie. Es ist absurd, in diesem Zusammenhang von Gefühlen zu sprechen. Fühlt die Person, die in Ohnmacht fällt, dass sie wieder zu sich kommen und aufstehen wird? Liegt es nicht in der Natur eines solchen Zustandes, den Gedanken an den Tod zu haben? Fühlen Tote, dass sie wieder auferstehen werden? Von Gefühlen kann gar nicht die Rede sein.

Gott gab Salomo Weisheit, wie Er es ihm verheißen hatte, und Er wird auch dir geben, was Er dir verheißen hat, welcher Art auch immer deine Gefühle sein mögen. Wenn du das fünfte Buch Mose durchliest, wirst du feststellen, wie oft Mose den Ausspruch gebraucht: *»Wie Er verheißen hat.«* Er sagt: *»Der HERR … segne euch, wie Er euch verheißen hat!« (5.Mo. 1,11).* Einen größeren Segen kann er Israel nicht zusprechen. Dieser heilige Mann betrachtete die Handlungen des Herrn mit ständiger Bewunderung, denn sie waren, wie Er es verheißen hat. Auch in unserem Fall wird das Handeln des Herrn demgemäß sein, wie Er es verheißen hat. Unsere Erfahrung der göttlichen Gnade wird nicht so sein, wie wir es jetzt empfinden, sondern wie Er es verheißen hat.

Während ich dies anderen zum Trost so schreibe, sehe ich mich verpflichtet zu bekennen, dass ich persönlich sehr wechselhaften Gefühlen unterliege; aber ich habe gelernt, ihnen nur wenig Bedeutung beizumessen, weder in die eine noch in die andere Richtung. Vor allem habe ich damit aufgehört, die Wahrheit der Verheißung anhand meines Gemütszustands zu beurteilen. Heute fühle ich mich so fröhlich, dass ich in den Lobgesang von Mirjam einstimmen könnte (2.Mo. 15,21); aber vielleicht werde ich, wenn ich morgen früh aufwache, nur imstande sein, in Jeremias Klagelieder einzustimmen und zu seufzen.

Hat sich mein Seelenheil entsprechend dieser Gefühle verändert? Dann müsste es ein sehr schwankendes Fundament gehabt haben. Gefühle sind unbeständiger als der Wind, weniger fest als Seifenblasen. Sollten sie das Eichmaß für die göttliche Treue sein?! Man sagt, Gemütsstimmungen hingen mehr oder weniger vom Zustand der Leber oder des Magens ab. Sollen wir den Herrn danach beurteilen? Gewiss nicht. Der Stand des Barometers kann unsere Gefühle auf- oder abschwellen lassen; soll man sich auf so veränderliche Dinge verlassen? Gott macht Seine ewige Liebe nicht von unseren Empfindungen abhängig; das hieße, einen Tempel auf einer Welle zu bauen. Wir werden aufgrund von Tatsachen errettet, nicht aufgrund von Einbildungen. Bestimmte ewige Wahrheiten beweisen, dass wir errettet oder verloren sind, und diese Wahrheiten werden nicht von unseren Hochgefühlen oder Depressionen beeinflusst.

Lieber Leser, setze nicht deine Gefühle als Test für die Wahrhaftigkeit des Herrn ein! Ein solches Verhalten ist eine Mischung aus Wahnsinn und Gottlosigkeit. Wenn der Herr das Wort geredet hat, so wird Er es auch halten, ob du nun ein triumphierendes oder trauriges Gefühl hast.

GOTT WIRD UNS NICHT NACH DER WAHRSCHEINLICHKEITSREGEL BESCHENKEN.

Es mag menschlich gesehen unmöglich sein, dass du, mein Freund, von dem Herrn, der Himmel und Erde geschaffen hat, gesegnet werden solltest. Aber wenn du dem Herrn vertraust, bist du sicher begnadigt wie Maria, von der es heißt, dass alle Geschlechter sie glückselig preisen werden; denn es steht geschrieben:

> *»Glückselig ist, die geglaubt hat; denn es wird erfüllt werden, was ihr vom Herrn gesagt worden ist« (Lk. 1,45.48).*

> *»O HERR der Heerscharen, wohl dem Menschen, der auf Dich vertraut!« (Ps. 84,13).*

Es mag menschlich betrachtet unmöglich sein, dass ein alter Sünder, der im Laster versunken ist, durch den Glauben an Jesus sofort ein neues Leben beginnen kann; und doch wird dies so sein. Es mag unmöglich scheinen, dass eine Frau, die in Sünde lebt, das Wort hört: *»Wer an den Sohn glaubt, der hat ewiges Leben« (Joh. 3,36),* es augenblicklich erfasst und sofort errettet wird und das ewige Leben empfängt; aber dennoch ist es wahr, und ich habe es so erkannt.

Unser Gott ist ein Gott der Wunder. Dinge, die für uns unmöglich sind, sind für Ihn etwas Alltägliches. Er *»ruft [dem], was nicht ist, als wäre es da« (Röm. 4,17).*

Musst du bei dem bloßen Gedanken daran, dass du errettet werden könntest, etwa lachen? Lass es nicht ein misstrauisches Lachen wie das der Sarah sein,

sondern eines, das die freudige Erwartung von Abraham widerspiegelt. Glaube an Jesus, und du wirst viel zu lachen haben, sowohl innerlich als auch äußerlich – und nicht aus Unglauben, sondern aus einem ganz anderen Grund.

Wenn wir Gott kennen, hören wir nie auf, uns zu wundern; wir beginnen, mit Wundern vertraut zu werden. Ich glaube an die Verheißung der Gnade Gottes; und wer glaubt, lebt in einer neuen Welt, die für ihn immer eine Welt voller Wunder ist. Es ist eine glückliche Sache, einen solchen Glauben an Gott zu haben, dass wir das als gewiss erwarten dürfen, was nach rein menschlichem Ermessen höchst unwahrscheinlich ist. *»Bei Gott sind alle Dinge möglich« (Mt. 19,26).* Deshalb ist es auch möglich, dass Er jede Seele errettet, die wirklich an Jesus glaubt. Das Gesetz der Schwerkraft wirkt in allen Fällen – und ebenso das Gesetz der göttlichen Treue.

Es gibt keine Ausnahme von der Regel, dass Gott Seinen Bund halten wird. Extreme Fälle, schwierige Fälle, ja, unmögliche Fälle sind in den Geltungsbereich des Wortes des Herrn eingeschlossen, und deshalb braucht keiner zu verzweifeln oder auch nur zu zweifeln. Gottes Gelegenheit ist gekommen, wenn der Mensch in der größten Not ist. Je schlimmer der Fall ist, desto gewisser ist es, dass der Herr helfen wird. Oh, dass mein hoffnungsloser Leser dem Herrn die Ehre erweisen möge, Ihm zu glauben und alles in Seine Hände zu befehlen!

Wie lange wird es noch dauern,
bis die Menschen ihrem Gott vertrauen?

»Du Kleingläubiger, warum hast du gezweifelt?« (Mt. 14,31). Ach, dass wir es uns doch fest vornehmen würden, niemals wieder dem Treuen zu misstrauen!

»Vielmehr erweist sich Gott als wahrhaftig, jeder Mensch aber als Lügner« (Röm. 3,4). Der HERR Selbst hat gesagt:

> *»Ist denn die Hand des HERRN zu kurz? Jetzt sollst du sehen, ob Mein Wort vor dir eintreffen wird oder nicht!« (4.Mo. 11,23).*

Veranlasst den Herrn nicht dazu, so im Zorn zu uns zu sprechen, sondern lasst uns glauben und gewiss sein, dass die feierlichen Erklärungen des Herrn erfüllt werden müssen. Sagt nicht länger zueinander:

»Was ist denn Wahrheit?«, sondern seid fest davon überzeugt, dass das Wort des Herrn gewiss ist und in Ewigkeit bleibt.

Hier ist eine Verheißung für den Leser, mit der er beginnen sollte; er möge sie erproben und sehen, ob sie nicht wahr ist:

> *»Rufe Mich an am Tag der Not, so will Ich dich erretten; und du sollst Mich ehren!« (Ps. 50,15).*

WENN FRIEDE VON GOTT

When Peace like a River

1. Wenn Friede von Gott meine Seele durchdringt
und Stürme des Leids drohen mir,
Du lehrst mich zu sagen, was mich auch umringt:
»Meine Seele ist sicher in Dir.«

Refrain:
Mir ist wohl, wohl in Dir!
Meine Seele ist sicher in Dir!

2. Wenn Satan mir nachstellt, wenn Prüfung mich beugt –
das Wort schenkt mir Hoffnung und Mut,
dass Christus für mich gab Sein Leben am Kreuz;
meine Seele ist rein durch Sein Blut.

3. Oh, welch eine Freude – die Schuld ist nun fort!
Die Last aller Sünden von mir
nahm Er mit ans Kreuz und bezahlte sie dort.
Aller Ruhm gilt in Ewigkeit Dir!

4. Der Tag unsres Herrn rückt schon näher heran,
woran wir geglaubt, schauen wir;
und wenn Er erscheint, so weiß ich grade dann:
Meine Seele ist sicher in Dir.

Horatio Spafford (1828–1888)
Deutsch: Voice of Hope

»Ich bin der HERR, der Gott deines
Vaters Abraham und der Gott Isaaks;
das Land, auf dem du liegst,
will Ich dir und deinem Samen geben.«

1. MOSE 28,13

KAPITEL 8

DIE VERHEISSUNG IN BESITZ NEHMEN

Ängstliche Menschen finden es sehr schwer, die Verheißungen Gottes für sich selbst zu erfassen. Sie fürchten, es sei Vermessenheit, etwas so Gutes und Kostbares zu ergreifen. Wenn wir Glauben haben und eine Verheißung ergreifen, können wir in der Regel davon ausgehen, dass sie dann uns gehört. Er, der uns den Schlüssel gibt, der für das Schloss Seiner Tür passt, will, dass wir die Tür öffnen und eintreten.

Es ist niemals vermessen, Gott demütig zu glauben; es ist aber sehr wohl vermessen, es zu wagen, Sein Wort in Frage zu stellen. Wir können nicht irren, wenn wir der Verheißung zu sehr vertrauen. Unser Versagen liegt im Mangel an Glauben, nicht in dessen Übermaß. Es ist unmöglich, Gott zu viel zu glauben; es kommt furchtbar häufig vor, dass wir Ihm zu wenig glauben.

»Euch geschehe nach eurem Glauben!« (Mt. 9,29); das ist ein Segensspruch, den der Herr nie zurücknehmen wird. *»Wenn du glauben kannst – alles ist möglich dem, der glaubt!« (Mk. 9,23).* Es steht geschrieben: *»Wir sehen, dass sie nicht eingehen konnten wegen des Unglaubens« (Hebr. 3,19).* Aber es wird niemals gesagt, dass einer, der durch den Glauben hineinging, wegen seiner Dreistigkeit getadelt und wieder hinausgetrieben worden sei.

Jakob nahm gemäß dem Text, den wir als Überschrift dieses Kapitels gewählt haben, von dem verheißenen Land Besitz, indem er sich darauf ausstreckte und einschlief. Es gibt keinen sichereren Weg, von einer Verheißung Besitz zu ergreifen, als sich mit seinem ganzen Gewicht darauf zu legen und sich dann ausgiebig zu erholen. *»Das Land, auf dem du liegst, will Ich dir und deinem Samen geben« (1.Mo. 28,13).*

Wie oft hat sich die Verheißung für mich selbst als wahr herausgestellt, wenn ich sie als Wahrheit angenommen und nach ihr gehandelt habe! Ich habe mich darauf gewissermaßen wie auf einem Sofa ausgestreckt und mich in die Hände des Herrn begeben, und eine wohltuende Ruhe hat sich über meinen Geist gelegt. Die

Verheißung, die unser Herr denen gab, die im Gebet um Gnade bitten, lautet:

> *»Glaubt, dass ihr es empfangt, so wird es euch zuteilwerden« (Mk. 11,24).*

Es klingt seltsam, aber es ist wahr; es entspricht dem Wesen des Glaubens. Sag durch einen realisierenden Glauben: »Diese Verheißung gehört mir«, und auf der Stelle gehört sie dir. Der Glaube ist es, durch den wir »Verheißungen empfangen«, nicht das Sehen oder die Vernunft.

Die Verheißungen Gottes sind nicht eingezäunte Landstücke, die das Privateigentum dieses oder jenes Heiligen darstellen, sondern sie sind ein offenes Allgemeingut für alle, die in der Gemeinde des heiligen Glaubens wohnen. Ohne Zweifel gibt es Leute, die, wenn sie könnten, die Sterne zu ihrem Privateigentum machen würden und die Sonne und den Mond zu ihrem persönlichen Besitz. Dieselbe Habgier möchte einen Zaun um die Verheißungen ziehen, aber das ist nicht möglich. Ebenso gut könnten Geizhälse die Singvögel einsperren und den Gesang der Lerche und der Drossel als ihr ausschließliches Erbe beanspruchen, wie sie auch die Verheißungen ganz für sich behalten wollen. Nein, nicht der Beste der Heiligen kann, selbst wenn er es wollte, ein einziges Wort des Gottes der Gnade hinter Schloss und Riegel bringen.

Die Verheißung gilt nicht nur *»euch … und euren Kindern«*, sondern auch *»allen, die ferne sind, so viele der Herr, unser Gott, herzurufen wird« (Apg. 2,39)*. Welch ein Trost ist das doch! Lasst uns unser gemeinsames Recht in Anspruch nehmen und durch den Glauben in Besitz nehmen, was der Herr uns verheißen hat!

Die Worte, die über Jakob gesprochen wurden, gelten gleichermaßen für alle Gläubigen. Hosea sagt von ihm:

> *»Er kämpfte mit dem Engel und siegte, er weinte und flehte zu Ihm; in Bethel hat er Ihn gefunden, und dort hat Er mit uns geredet« (Hos. 12,5).*

So redete der Herr mit uns, als Er mit dem Patriarchen redete.

Die Wunder, die Gott am Roten Meer vollbrachte, waren für Sein ganzes Volk bestimmt, denn wir lesen: *»Er verwandelte das Meer in trockenes Land, durch den Strom gingen sie zu Fuß; dort freuten wir uns in Ihm« (Ps. 66,6)*. Es ist wahr, wir waren nicht dabei; aber die Freude über Israels Sieg ist die unsere.

Der Hebräerbriefschreiber führt das Wort des Herrn an, das an Josua erging, als wenn es zu jedem Kind Gottes gesprochen worden wäre. Er Selbst hat gesagt: *»Ich will dich nicht aufgeben und dich niemals verlassen!« (Jos. 1,5; Hebr. 13,5).* Denn kein Wort des Herrn endet mit dem Anlass, der es zuerst hervorrief, oder beschränkt sich darauf, denjenigen zu segnen, an den es zuerst gerichtet war. Alle Verheißungen gelten den Gläubigen, die Glauben genug haben, um sie zu ergreifen und sie vor dem Thron der Gnade zu erflehen. Was Gott für *einen* ist, der Ihm vertraut, wird Er für *alle* sein, ihren Umständen und Bedürfnissen gemäß.

Die Bibel hat jeden einzelnen von uns im Blick, wenn sie ihre Worte der Gnade ausspricht. Jemand hat es treffend formuliert: »Wir selbst und solche, die so wie wir sind, sind die Leute, von denen die Schrift spricht und an die sie sich in jeder Art von überzeugender Form herniederbeugend – und doch in himmlischer Weise – wendet. Der Punkt, den es zu beachten gilt, ist, zu bemerken, wie ein Buch solcher Art und solchen Umfangs diese Vielseitigkeit der Macht besitzen kann, dieses Auge, das wie ein

Porträt stets auf uns gerichtet ist, wohin wir uns auch wenden wollen.«

Diese einzigartige Eigenschaft des Wortes, das sich an jede einzelne in Hunderten von Generationen von Gläubigen richtet, ist eine seiner größten Vorzüge und einer der sichersten Beweise für seine göttliche Inspiration. Wir behandeln unsere Bibel nicht wie einen alten Sammelband, sondern wie ein Buch für die Gegenwart, neu, frisch und zeitgemäß. In den alten Worten, von denen sich unsere Väter zu ihrer Zeit ernährten, wohnt eine bleibende Schönheit in unverminderter Frische. Gott sei gepriesen, dass wir uns noch immer an ihnen erfreuen – und wenn es nicht so ist, können wir nur uns selbst die Schuld geben!

Die Brunnen Abrahams dienten dem Isaak und Jakob und vielen Generationen. Kommt, wir wollen unsere Eimer hinunterlassen und mit Freuden Wasser schöpfen aus den alten Heilsbrunnen, die in weit zurückliegenden Tagen gegraben worden sind, als unsere Väter auf den Herrn vertrauten und Er sie errettete! Wir brauchen nicht zu befürchten, dass wir damit abergläubisch oder leichtgläubig würden.

Die Verheißungen des Herrn sind allen gegeben, die an sie glauben wollen; der Glaube selbst ist eine Ermächtigung für das Vertrauen. Wenn du vertrauen *kannst*, so *darfst* du vertrauen. Nachdem die Worte der Verheißung hunderte Male erfüllt worden sind, stehen sie immer noch bereit, um noch weiter erfüllt zu werden.

Haben wir uns nicht oft zur Quelle niedergebeugt und einen kühlenden Schluck getrunken? Sie ist immer noch ebenso voll und frei, und wir können heute genauso vertrauensvoll trinken, wie wir es beim ersten Mal taten. Menschen halten ihre Versprechen nicht – immer und immer wieder. Sie sind Zisternen; aber Du, o Herr, bist die Quelle des lebendigen Wassers! *»Alle meine Quellen sind in Dir!« (Ps. 87,7).*

Komm, lieber Leser, mache es Jakob nach! Wie er sich an jenem Ort niederlegte und einen Stein als Kopfkissen nahm, so tue du es auch. Hier dient die ganze Heilige Schrift als ein Lager, und hier sind bestimmte Verheißungen, die als Kissen dienen. Leg deine Lasten nieder und auch dich selbst und ruhe dich aus. Siehe, diese Heilige Schrift und ihre Verheißungen gehören von jetzt an dir: *»Das Land, auf dem du liegst, will Ich dir … geben« (1.Mo. 28,13).*

»Ich vertraue Gott,
dass es so gehen wird,
wie es mir gesagt worden ist.«

APOSTELGESCHICHTE 27,25

KAPITEL 9

DIE VERHEISSUNG GEGENZEICHNEN

Paulus hatte eine besondere Verheißung erhalten, und er bekannte offen seinen Glauben daran. Er glaubte, dass Gott jede Einzelheit dieser Verheißung erfüllen würde. Auf diese Weise besiegelte er, dass Gott wahrhaftig ist. Jeder von uns ist dazu verpflichtet, dies mit den Worten des Herrn zu tun, die auf unseren Fall zutreffen. Das ist es, was ich mit der Überschrift meine: die Verheißung gegenzeichnen.

Ein Freund gibt mir einen Scheck für mein Waisenhaus, auf dem geschrieben steht: »Zahlen Sie an Herrn C.H. Spurgeon die Summe von ...« Sein Name ist gut, und seine Bank ist gut, aber ich habe nichts von seiner Freundlichkeit, bis ich meinen eigenen Namen auf die Rückseite seines Schecks setze. Es ist eine sehr einfache Handlung: Ich unterschreibe bloß mit meinem Namen, und die Bank zahlt mir das Geld aus. Aber die Unterschrift darf nicht fehlen.

Es gibt viel edlere Namen als meinen, aber keiner von ihnen kann statt meines eigenen hier verwendet werden. Wenn ich den Namen der Königin schreiben würde, so würde mir das nichts nützen. Wenn der Finanzminister seine Unterschrift auf die Rückseite des Dokuments schriebe, es wäre vergeblich. Ich selbst muss meinen eigenen Namen dahin setzen. So muss ein jeder die Verheißung Gottes persönlich annehmen und durch seinen eigenen Glauben »gegenzeichnen«, sonst wird er keinen Nutzen daraus ziehen.

Wenn du zu Ehren der Bank das schönste Gedicht schreiben würdest oder den besten Dichter durch deine Verse zum Lob des großmütigen Wohltäters der Waisen übertreffen solltest, es würde nichts nützen. Die auserlesenste Sprache der Menschen und Engel würde nichts gelten; was absolut erforderlich ist, ist die persönliche Unterschrift dessen, der als Empfänger genannt ist. Wie fein auch immer die Skizze eines Künstlers auf der Rückseite eines Schecks aussehen würde, sie wäre nichts wert: Der einfache, eigenhändig geschriebene Name wird verlangt, und nichts wird an seiner Stelle akzeptiert werden.

Wir müssen der Verheißung glauben, ein jeder für sich selbst, und erklären, dass wir sie für wahr halten, sonst wird sie uns keinen Segen bringen. Keine guten Werke, keine heiligen Handlungen, keine Gefühle können an die Stelle des einfachen Vertrauens treten.

> *»Wer zu Gott kommt, muss glauben, dass Er ist und dass Er die belohnen wird, welche Ihn suchen« (Hebr. 11,6).*

Manches mag geschehen oder mag auch nicht geschehen, aber dieses muss geschehen.

Die Verheißung könnte wie folgt lauten: »Ich verspreche jedem Sünder, der wirklich an Mich glaubt, den Segen des ewigen Lebens zu zahlen.« Der Sünder muss seinen Namen auf die Rückseite dieses Schecks schreiben – weiter wird nichts von ihm verlangt. Er glaubt der Verheißung, er geht damit zum Thron der Gnade und erwartet die Gnade, die ihm zugesichert wurde. Diese Gnade wird ihm zuteilwerden; er kann sie nicht verfehlen. Denn es steht geschrieben: *»Wer an den Sohn glaubt, der hat ewiges Leben« (Joh. 3,36),* und so ist es auch.

Paulus glaubte, dass alle, die mit ihm im Schiff waren, gerettet würden, weil Gott es verheißen hatte. Er nahm die Verheißung als hinreichende Sicherheit für die Tatsache an und handelte demgemäß. Er verhielt sich ruhig inmitten des Sturms, gab seinen Gefährten weise und vernünftige Ratschläge bezüglich ihrer Nahrungsaufnahme und handelte allgemein so, wie es ein Mann tun würde, der seiner glücklichen Errettung aus dem Sturm gewiss ist. So handelte er Gott gegenüber, wie es angemessen ist, sich Ihm gegenüber zu verhalten, nämlich mit bedingungslosem Vertrauen.

Ein rechtschaffener Mensch liebt es, wenn man ihm vertraut; es würde ihn betrüben, wenn er sähe, dass man ihn mit Misstrauen betrachtet. Unser treuer Gott ist eifersüchtig auf Seine Ehre bedacht und kann es nicht ertragen, wenn die Menschen Ihn behandeln, als ob Er falsch sein könnte. Der Unglaube erzürnt den Herrn mehr als jede andere Sünde. Er greift Seinen Augapfel an und trifft Ihn bis ins Innere. Es liegt uns fern, unserem himmlischen Vater ein so schändliches Unrecht zuzufügen. Lasst uns Ihm bis zum Äußersten glauben und unserem herzlichen Vertrauen auf Sein Wort keine Grenzen setzen.

Paulus bekannte offen sein Vertrauen auf die Verheißung. Es ist gut, wenn wir dasselbe tun. Gerade in unserer Zeit sind mutige, freimütige Zeugnisse für die Wahrheit Gottes dringend erforderlich; sie werden sich als siebenfach wertvoll erweisen. Die Atmosphäre ist voller Zweifel; in der Tat glauben nur wenige wirklich und substanziell. Ein Mann wie Georg Müller, der Gott den Unterhalt von zweitausend Waisenkindern zutraute, ist eine seltene Erscheinung.

> *»Doch wenn der Sohn des Menschen kommt, wird Er auch den Glauben finden auf Erden?« (Lk. 18,8).*

Deshalb lasst uns frei heraus reden. Der Unglaube fordert uns heraus; doch deshalb sollten wir nicht verzagen. Lasst uns dem Riesen mit der Schleuder und den Steinen tatsächlicher geistlicher Erfahrung und mit unbeirrtem Zeugnis gegenübertreten. Gott hält Seine Verheißung, und wir wissen es. Wir wagen es, jede Seiner Verheißungen zu unterzeichnen. Ja, wir würden es nötigenfalls mit unserem Blut tun! *»Das Wort des Herrn bleibt in Ewigkeit« (1.Pt. 1,25),* und dafür sind wir unerschrockene Zeugen, wir alle, die wir nach Seinem Namen genannt sind.

»Die Gottesfurcht aber
ist für alles nützlich, da sie
die Verheißung für dieses und
für das zukünftige Leben hat.«

1. TIMOTHEUS 4,8

KAPITEL 10

DIE VERHEISSUNG IM TÄGLICHEN LEBEN

Manche religiösen Menschen sehen den christlichen Glauben so, als wenn er mit den gewöhnlichen Dingen des täglichen Lebens nichts zu tun hätte. Er ist für sie etwas Übersinnliches und Traumhaftes, mehr eine fromme Empfindung als eine Tatsache. Sie glauben gewissermaßen an Gott, soweit es geistliche Dinge und das zukünftige Leben betrifft; aber sie verstehen nicht, dass wahre Gottesfurcht die Verheißung dieses und des zukünftigen Lebens in sich trägt. Ihnen würde es fast wie eine Entweihung erscheinen, um die kleinen Dinge zu bitten, aus denen das tägliche Leben besteht.

Vielleicht erschrecken sie, wenn ich meine Meinung dazu sage: Ihre Haltung sollte sie veranlassen, die Echtheit ihres Glaubens zu überprüfen.

Wenn er ihnen keine Hilfe in den kleinen Nöten des Lebens bringen kann, wird er sie dann in den größeren Leiden des Todes stärken?

Wenn er ihnen bezüglich der kleinen Sorgen des Lebens keine Hilfe bringen kann, wird er sie dann in den großen Prüfungen des Todes unterstützen?

Wenn er ihnen in Bezug auf Nahrung und Kleidung keinen Nutzen bringen kann, was kann er dann für sie in Bezug auf den unsterblichen Geist tun?

Im Leben Abrahams erkennen wir, dass sein Glaube mit allen Ereignissen seiner irdischen Pilgerschaft zu tun hatte. Er stand in Verbindung mit seinen Wanderungen von einem Land zum anderen, mit der Trennung seines Neffen von seinem Lager, mit dem Kampf gegen feindliche Eindringlinge und besonders mit der Geburt des lange verheißenen Sohnes. Kein Teil des Lebens des Patriarchen lag außerhalb des Umkreises seines Glaubens an Gott. Gegen Ende seines Lebens wird von ihm gesagt: *»Der HERR hatte Abraham gesegnet in allem« (1.Mo. 24,1),* was sowohl das Zeitliche als auch das Geistliche umfasst. Dem Jakob verhieß der Herr Brot zu essen und Kleidung zum Anziehen, und ihn in Frieden in sein Vaterhaus zu bringen; und all diese Dinge sind zeitlicher und irdischer Natur.

Diese ersten Gläubigen liefen gewiss nicht vor den gegenwärtigen Segnungen des Bundes davon oder betrachteten es als eine leichtfertige, mystische Sache, an Gott zu glauben. Es fällt auf, dass es in ihrem Leben keine Trennlinie zwischen säkular und heilig gibt. Sie reisten wie Pilger, aßen und tranken wie Heilige, lebten wie Priester und sprachen wie Propheten. Ihr Leben war ihr Glaube, und ihr Glaube war ihr Leben. Sie vertrauten Gott nicht nur in bestimmten Dingen von höherer Bedeutung, sondern in Bezug auf alles.

Und so konnte selbst ein Knecht aus einem ihrer Häuser, als er mit einem Auftrag ausgesandt wurde, beten: *»O HERR, Du Gott meines Herrn Abraham, lass es mir doch heute gelingen!« (1.Mo. 24,12).* Das war echter Glaube, und an uns ist es, ihm nachzueifern und nicht länger zuzulassen, das Wesentliche der Verheißung und das Leben des Glaubens in bloßen sentimentalen und schwärmerischen Einbildungen verdunsten zu lassen. Wenn Vertrauen auf Gott zu etwas gut ist, so ist es zu allem innerhalb der Grenzen der Verheißung gut, und das gegenwärtige Leben liegt gewiss innerhalb dieses Bereichs.

Man sollte auch auf folgende Worte achten und sie praktisch gebrauchen:

»Und ihr sollt dem HERRN, eurem Gott, dienen, so wird Er dein Brot und dein Wasser segnen; und Ich will die Krankheit aus deiner Mitte hinwegnehmen« (2.Mo. 23,25).

»Vertraue auf den HERRN und tue Gutes, wohne im Land und übe Treue« (Ps. 37,3).

»Ja, Er wird dich retten vor der Schlinge des Vogelstellers und vor der verderblichen Pest; Er wird dich mit Seinen Fittichen decken, und unter Seinen Flügeln wirst du dich bergen; Seine Treue ist Schirm und Schild. Du brauchst dich nicht zu fürchten vor dem Schrecken der Nacht, vor dem Pfeil, der bei Tag fliegt, vor der Pest, die im Finstern schleicht, vor der Seuche, die am Mittag verderbt. Ob tausend fallen zu deiner Seite und zehntausend zu deiner Rechten, so wird es doch dich nicht treffen« (Ps. 91,3-7).

»In sechs Bedrängnissen wird Er dich erretten, und in sieben wird dich nichts Böses antasten« (Hi. 5,19).

»Wer in Gerechtigkeit wandelt und aufrichtig redet; wer es verschmäht, durch Bedrückung Gewinn zu machen; wer sich mit seinen Händen wehrt, ein Bestechungsgeschenk anzunehmen; wer seine Ohren verstopft, um nicht von Blutvergießen zu hören; wer seine Augen verschließt, um Böses nicht mit anzusehen – der wird auf Höhen wohnen, Felsenfesten sind seine Burg; sein Brot wird ihm gegeben, sein Wasser versiegt nie« (Jes. 33,15-16).

»Denn Gott, der HERR, ist Sonne und Schild; der HERR gibt Gnade und Herrlichkeit, wer in Lauterkeit wandelt, dem versagt Er nichts Gutes« (Ps. 84,12).

»Keiner Waffe, die gegen dich geschmiedet wird, soll es gelingen; und alle Zungen, die sich gegen dich vor Gericht erheben, sollst du schuldig sprechen. Das ist das Erbteil der Knechte des HERRN und ihre Gerechtigkeit, die ihnen von Mir zuteilwird, spricht der HERR« (Jes. 54,17).

Unser Herr Jesus wollte, dass der Glaube unsere Ruhe in unseren täglichen Sorgen sein sollte, sonst hätte Er nicht gesagt:

»Darum sage Ich euch: Sorgt euch nicht um euer Leben, was ihr essen und was ihr trinken sollt, noch um euren Leib, was ihr anziehen sollt! Ist nicht das Leben mehr als die Speise und der Leib mehr als die Kleidung? Seht die Vögel des Himmels an: Sie säen nicht und ernten nicht, sie sammeln auch nicht in die Scheunen, und euer himmlischer Vater ernährt sie doch. Seid ihr nicht viel mehr wert als sie?« (Mt. 6,25-26).

Was anderes als die Ausübung des Glaubens in Bezug auf zeitliche Dinge konnte Er gemeint haben, als Er die folgenden Worte gebrauchte:

»Und ihr sollt auch nicht danach trachten, was ihr essen oder was ihr trinken sollt; und beunruhigt euch nicht! Denn nach all diesem trachten die Heidenvölker der Welt; euer Vater aber weiß, dass ihr diese Dinge benötigt« (Lk. 12,29-30).

Dasselbe meinte Paulus, als er schrieb:

»Sorgt euch um nichts; sondern in allem lasst durch Gebet und Flehen mit Danksagung eure Anliegen vor Gott kundwerden. Und der Friede Gottes, der allen Verstand übersteigt, wird eure Herzen und eure Gedanken bewahren in Christus Jesus!« (Phil. 4,6-7).

Derjenige, welcher Sein Leben für Sein Volk gelassen hat, wird uns nicht im Stich lassen, sondern wird für uns sorgen, dass wir in Sein ewiges Reich eingehen. Gott schenkt uns Sein Reich nicht so, wie der Papst dem spanischen König England schenkte – falls er es überhaupt erhalten konnte –, sondern Er machte uns den Weg und das Ziel sicher. Unsere irdischen Bedürfnisse sind ebenso real wie unsere geistlichen, und wir können gewiss sein, dass der Herr sie erfüllen wird. Er wird uns diese Versorgung auf dem Weg der Verheißung, des Gebets und des Glaubens zukommen lassen und sie so zu einem Erziehungsmittel für uns machen. Er wird uns durch die Erfahrung der Wüste für Sein Reich tauglich machen.

Wer annimmt, dass die zeitlichen Dinge für unseren großen, sich zu uns herniederbeugenden Gott zu gering seien, der vergisst, dass Er sich um die Sperlinge kümmert, und dass die Haare auf unserem Haupt alle gezählt sind. Außerdem ist ja jedes Ding so klein für Ihn, dass Er, wenn Er sich nicht um das Kleine kümmerte, sich um nichts kümmerte.

Wer kann die irdischen Angelegenheiten nach Größe und Gewicht einteilen? Kann nicht schon ein sehr kleiner Umstand einen Wendepunkt der Weltgeschichte bedeuten?

Gesegnet ist der Christ, dem nichts zu klein ist für Gott; denn sicherlich ist nichts zu gering, um uns Kummer zu bereiten oder uns in Gefahr zu bringen.

Ein Gottesmann verlor einmal einen Schlüssel; er betete darum, dass er ihn wiederfinden möge, und er fand ihn. Er sprach davon, dass dies ein seltsamer Umstand sei, doch in der Tat war es nichts Ungewöhnliches für Gott.

Manche von uns beten um alles und sind darum besorgt, nicht zu vergessen, auch die kleinste Sache durch das Wort Gottes und das Gebet zu heiligen. Was unser Gewissen beunruhigt, ist nicht, dass wir Kleinigkeiten *einbeziehen,* sondern dass wir dies *unterlassen*. Als der Herr Seinen Engeln den Befehl gab, unsere Füße zu bewahren, dass sie nicht an einen Stein stoßen, da stellte Er alle Einzelheiten unseres Lebens unter himmlische Obhut, und wir sind froh, alle Dinge Seiner Obhut anzuvertrauen.

Es ist eines der bleibenden Wunder für uns Christen, dass wir in Jesus beständigen Frieden in allen Prüfungen haben und durch Ihn die Macht haben, im Gebet vom Herrn alles zu erhalten, was für dieses Leben und für einen gottseligen Wandel nötig ist. Ich selbst habe es, auch wenn es um zeitliche Bedürfnisse ging, hunderte Male erlebt. Die Sorge für die Waisen und Studenten trieb mich dazu, mit den Verheißungen Gottes im Gebet zu Ihm zu kommen. Und das Gebet hat viele, viele Male eine günstige Versorgung erbracht und ernstliche Schwierigkeiten aus dem Wege geräumt.

Ich weiß, dass der wahre Glaube eine Geldbörse füllen, eine Mahlzeit bereitstellen, ein hartes Herz verändern, einen Bauplatz beschaffen, Krankheiten heilen, Aufsässigkeit besänftigen und eine Epidemie aufhalten kann. Wie Geld in der Hand eines Ungläubigen, so vermag der wahre Glaube in der Hand eines Christen die Antwort auf alles zu sein (Pred. 10,19). Alle Dinge im Himmel, auf Erden und unter der Erde reagieren auf einen Befehl, den Gott aufgrund unserer Gebete gibt. Der Glaube kann nicht von einem Scheinheiligen vorgetäuscht werden. Aber wo er echt ist und eine göttliche Verheißung mit festem Griff erfassen kann, da werden große Wunder von Gott bewirkt.

Wie sehr wünschte ich mir, dass auch du, mein Leser, so sehr an Gott glauben mögest, dass du dich in allen Angelegenheiten des Lebens auf Ihn stützt! Das würde dich in eine neue Welt einführen und dir so bestätigende Beweise für die Wahrheit unseres Glaubens bringen, dass die Spötter zum Gespött würden.

Kindlicher Glaube an Gott stattet aufrichtige Herzen mit einer praktischen Weisheit aus, die ich gerne einen geheiligten, gesunden Menschenverstand nennen möchte. Der einfältige Gläubige hat, auch wenn er als Narr verlacht wird, eine Weisheit in sich, die von oben kommt und die List der Gottlosen wirkungsvoll vereitelt. Nichts bringt einen boshaften Feind so sehr in Verwirrung wie die geradlinige Unbekümmertheit eines gottesfürchtigen Menschen.

Wer Seinem Gott glaubt, der fürchtet sich nicht vor schlechten Nachrichten, denn sein Herz hat im Vertrauen auf den Herrn einen festen Halt gefunden. Dieser Glaube versüßt, vergrößert und bereichert das Leben auf tausendfache Weise. Probiere ihn aus, lieber Leser, und sieh, ob er dir nicht einen unermesslichen Reichtum an Glückseligkeit verleiht! Er wird dich nicht vor Schwierigkeiten bewahren, denn die Verheißung lautet:

> *»Dies habe Ich zu euch geredet, damit ihr in Mir Frieden habt. In der Welt habt ihr Bedrängnis; aber seid getrost, Ich habe die Welt überwunden!« (Joh. 16,33).*

Aber der Glaube wird bewirken, dass wir uns in den Bedrängnissen rühmen:

> *»… weil wir wissen, dass die Bedrängnis standhaftes Ausharren bewirkt, das standhafte Ausharren aber Bewährung, die Bewährung aber Hoffnung; die Hoffnung aber lässt nicht zuschanden werden; denn die Liebe Gottes ist ausgegossen in unsere Herzen durch den Heiligen Geist, der uns gegeben worden ist« (Röm. 5,3-5).*

MEIN GLAUBE FEST NUR BAUEN KANN

On Christ I Stand

1. Mein Glaube fest nur bauen kann
auf das, was Gott für mich getan.
Ein froh Gefühl gar bald zerstäubt;
Christus, der ew'ge Felsen, bleibt.

Refrain:
Wer diesem Felsen fest vertraut,
der hat auf keinen Sand gebaut.

2. Ist auch verhüllt Sein Angesicht,
des Heilands Gnade wanket nicht.
Wenn auch der Sturmwind um mich bläst,
der Fels hält meinen Anker fest.

3. Sein Eid, Sein Bund, Sein teures Blut
beschützen mich zur Zeit der Flut.
Wenn alles ringsum untergeht,
der ew'ge Felsen sicher steht.

4. Wenn ich vor Gottes Thron erschein',
mög ich mit Ihm verbunden sein,
gekleidet in Gerechtigkeit,
von Sündenflecken ganz befreit.

Text: Edward Mote (1797–1874)
Deutsch: C.A. Daniel, Voice of Hope (4. Str.)

»Du hast Deinem Knecht
so viel Gutes zugesagt.«

2. SAMUEL 7,28

KAPITEL 11

DIE SUCHE NACH DER VERHEISSUNG

König David wusste, was der Herr ihm zu geben verheißen hatte, und er erwähnte es in seinem Gebet speziell als *»so viel Gutes«*. Wir müssen in unseren Bitten viel konkreter sein, als wir es gewöhnlich sind: Wir beten um alles in einer solchen Art und Weise, dass wir praktisch um nichts beten. Es ist gut zu wissen, was wir möchten. Deshalb sagte unser Herr zu dem Blinden: *»Was willst du, das Ich dir tun soll?« (Mk. 10,51)*. Jesus wollte, dass er sich seiner eigenen Bedürfnisse bewusst und von ernsthaften Wünschen bezüglich dieser Bedürfnisse erfüllt würde. Das sind wertvolle Bestandteile in der Zusammensetzung des Gebets.

Wenn wir wissen, was wir nötig haben, besteht unsere nächste Aufgabe darin, herauszufinden, ob der Herr uns diesen besonderen Segen verheißen hat. Denn dann können wir mit größtem Vertrauen zu Gott gehen und die Erfüllung Seines Wortes erwarten. Zu diesem Zweck sollten wir fleißig in der Heiligen Schrift nachforschen, mit Glaubensgeschwistern sprechen, die Ähnliches erlebt haben, und uns bemühen, die besondere Äußerung der göttlichen Gnade zu finden, die für uns in unserer gegenwärtigen Situation geeignet ist.

Je genauer die Übereinstimmung der Verheißung mit unserer Lage ist, desto größer wird der Trost sein, den sie uns spendet. In dieser Schule lernt der Gläubige den Wert der vollkommenen göttlichen Inspiration der Heiligen Schrift kennen. Denn in seinem eigenen Fall muss er sich vielleicht mit einer so geringfügigen Sache wie dem Numerus eines Nomens befassen, wie Paulus es tat, als er die Verheißung an Abraham zitierte und bemerkte:

> *»Nun aber sind die Verheißungen dem Abraham und seinem Samen zugesprochen worden. Es heißt nicht: ›und den Samen‹, als von vielen, sondern als von einem: ›und deinem Samen‹, und dieser ist Christus« (Gal. 3,16).*

Wir können sicher sein, dass irgendwo in der Schrift eine Verheißung zu finden ist, die auf unsere Umstände passt. Die unendliche Weisheit Gottes zeigt sich darin, dass Er uns eine Offenbarung gegeben hat, die den zahllosen unterschiedlichen Bedingungen Seines Volkes gerecht wird. Keine einzige Prüfung wird übersehen, wie eigentümlich sie auch sein mag. So wie es für jedes Lebewesen auf der Erde die passende Nahrung gibt, so gibt es auch für jedes Kind Gottes die geeignete Unterstützung in Gottes Wort. Wenn wir keine passende Verheißung finden, so liegt es daran, dass wir nicht danach suchen, oder wenn wir sie gefunden haben, ihre volle Bedeutung noch nicht erkannt haben.

Ein anschaulicher Vergleich mag hier hilfreich sein. Du hast den Schlüssel zu einem Schrank verloren, und nachdem du alle Schlüssel, die du besitzt, ausprobiert hast, siehst du dich gezwungen, den Schlüsseldienst zu rufen. Der Fachmann kommt vielleicht mit einem riesigen Bund von Schlüsseln aller Arten und Größen. Dir erscheinen sie wie eine seltsame Sammlung rostiger Instrumente. Er sieht sich das Schloss an und probiert einen Schlüssel nach dem anderen aus. Noch hat er ihn nicht gefunden, und deine Schätze sind immer noch außer Reichweite. Doch sieh, jetzt hat er fast den passenden Schlüssel gefunden: Er berührt beinahe den Riegel, aber nicht ganz. Er ist offensichtlich auf der richtigen Spur. Endlich wird der Schrank geöffnet, denn der rechte Schlüssel ist gefunden worden.

Dies ist eine korrekte Darstellung so mancher Ratlosigkeit. Du kannst an die Schwierigkeit nicht so recht herankommen, um sie richtig zu lösen und zu einem glücklichen Resultat zu gelangen. Du betest, hast aber nicht die Freiheit im Gebet, die du dir wünschst. Du wünschst dir eine eindeutige Verheißung. Du probierst das eine oder andere inspirierte Wort aus, aber es passt nicht. Das beunruhigte Herz sieht Gründe, zu vermuten, dass die Verheißungen auf den vorliegenden Fall nicht genau anwendbar seien, und so lässt man sie in dem alten Buch, um sie an einem anderen Tag zu verwenden; denn in der gegenwärtigen Notlage sind sie nicht verfügbar. Du versuchst es wieder und wieder, und zu gegebener Zeit taucht eine Verheißung auf, die wie für diesen Fall gemacht zu sein scheint. Sie passt so genau wie ein gut angefertigter Schlüssel in das Schloss, für das er ursprünglich hergestellt worden war.

Nachdem du dieses Wort des lebendigen Gottes gefunden hast, beeilst du dich, es vor dem Gnadenthron zu erflehen, indem du sagst:

»Und nun, HERR, [mein] Herr, Du bist Gott, und Deine Worte sind Wahrheit, und Du hast Deinem

Knecht so viel Gutes zugesagt. So lasse es Dir nun wohlgefällig sein« (2.Sam. 7,28-29).

Die Angelegenheit ist beendet; der Kummer hat sich in Freude verwandelt; das Gebet ist erhört.

Häufig bringt der Heilige Geist die Worte des Herrn, die wir sonst vielleicht vergessen hätten, mit Leben und Kraft in Erinnerung. Oder Er wirft neues Licht auf wohlbekannte Passagen und offenbart so eine Fülle in ihnen, die wir kaum geahnt hatten. In einigen mir bekannten Fällen waren die Texte einzigartig, und derjenige, dem sie eingeprägt wurden, konnte eine Zeit lang kaum ihre Bedeutung erkennen.

Jahrelang wurde das Herz eines Mannes mit den Worten getröstet: *»Seine Seele wird im Guten wohnen, und sein Same wird das Land besitzen« (Ps. 25,13).* Diese Stelle ging ihm selten aus dem Sinn; ihm war, als würde sie ihm beständig ins Ohr geflüstert. Die besondere Beziehung der Verheißung zu seiner Erfahrung wurde später durch die Ereignisse deutlich gemacht.

Ein Kind Gottes, das über seine Jahre der Unfruchtbarkeit trauerte, wurde durch das selten zitierte Wort: *»Und Ich werde euch die Jahre zurückerstatten,* *welche die Heuschrecke ... verzehrt [hat]!«* (Joel 2,25) sofort in Freude und Frieden versetzt.

Die bitteren Erfahrungen Davids mit Verleumdung und Bosheit führten zur Äußerung tröstlicher Verheißungen, die tausendmal von schlichten Christen mit gebrochenen Herzen in Anspruch genommen wurden, wenn sie von Prüfungen grausamen Spottes heimgesucht wurden. Wir zweifeln nicht daran, dass jeder Satz der Heiligen Schrift durch das Leben des einen oder anderen Heiligen veranschaulicht worden ist, bevor dieses Zeitalter zu Ende geht.

Vielleicht liegt noch irgendeine verdeckte und wenig verstandene Verheißung herum, bis derjenige kommt, für den sie speziell geschrieben wurde. Wenn wir das so sagen dürfen, gibt es einen rostigen Schlüssel an dem Schlüsselbund, der sein Schloss noch nicht gefunden hat; aber er wird es finden, ehe die Geschichte der Gemeinde zu Ende ist; dessen können wir sicher sein.

Das Wort des Herrn, das unsere jetzigen Schwierigkeiten wegnehmen würde, kann uns vielleicht ganz nahe sein, ohne dass wir uns dessen bewusst sind. Mit einer einzigartigen Kenntnis der menschlichen Erfahrung stellt John Bunyan in seinem Buch

»Die Pilgerreise« den Gefangenen in der »Zweifelsburg« so dar, dass er in seiner eigenen Brust den Schlüssel »Verheißung« gefunden hat, der jede Tür in diesem düsteren Gefängnis aufschloss.

Wir liegen oft in schmählicher Haft, obwohl sich das Mittel zur Erlangung der vollen Freiheit schon darbietet. Wenn wir nur unsere Augen öffnen würden, so sähen wir wie Hagar einen Wasserbrunnen ganz in der Nähe und würden uns wundern, warum wir meinten, vor Durst sterben zu müssen.

In diesem Augenblick, meine angefochtenen Geschwister, wartet ein Wort des Herrn auf euch! Wie das Manna früh am Morgen fiel und für die Israeliten zum Sammeln bereitlag, sobald sie ihre Betten verließen, so wartet die Verheißung des Herrn auf dein Kommen. Die Ochsen und das Mastvieh der Gnade sind geschlachtet, und alles ist bereit für deine augenblickliche Versorgung. Der Berg ist voll feuriger Wagen und Rosse, die zu deiner Befreiung bereit sind; der Prophet des Herrn kann sie sehen, und wenn deine Augen geöffnet wären, so würdest du sie auch sehen.

Wie für die Aussätzigen am Tor von Samaria würde es für dich töricht sein, da sitzen zu bleiben, wo du bist, und zu sterben. Raffe dich auf, denn ganz nah bei dir ist eine große Quelle der Gnade, die alles übertrifft, was du bitten oder verstehen kannst. Glaube nur, und du wirst in die Ruhe eingehen!

Für die Armen, die Kranken, die Schwachen und die Irrenden sind Worte der Ermutigung vorgesehen, die nur ihnen zugute kommen können. Für die in Sünde Gefallenen, die Verzagten, die Verzweifelten und die Sterbenden sind Stärkungsmittel vorhanden, die mit Blick auf ihre besonderen Leiden zusammengestellt wurden. Die Witwen und die Waisen haben ihre Verheißungen, ebenso Gefangene, Reisende, Schiffbrüchige, Alte und solche, die dem Tod nahe sind. Niemand ist auf der Pilgerreise, dem nicht eine Verheißung folgt. Eine Atmosphäre der Verheißung umgibt die Gläubigen, wie die Luft den Erdball umgibt. Ich könnte sie fast als allgegenwärtig bezeichnen und davon sagen:

> *»Von allen Seiten umgibst Du mich und hältst Deine Hand über mir. Diese Erkenntnis ist mir zu wunderbar, zu hoch, als dass ich sie fassen könnte! Wo sollte ich hingehen vor Deinem Geist, und wo sollte ich hinfliehen vor Deinem Angesicht?« (Ps. 139,5-7).*

Keine Tiefe der Finsternis kann uns vor dem Bund der Verheißung verbergen; im Gegenteil, in seiner

Gegenwart leuchtet die Nacht wie der Tag. Deshalb lasst uns Mut fassen und mit Glauben und Geduld im Land unserer Verbannung ausharren bis zum Tag unserer Heimkehr. Dann werden wir, wie die übrigen Erben des Heils, *»die Verheißungen erben« (Hebr. 6,12).*

Bestimmte Bundesverpflichtungen, die der Herr Jesus Christus für Seine Auserwählten und Erlösten eingegangen ist, sind für uns völlig bedingungslos. Aber viele andere reichhaltige Worte des Herrn enthalten Bedingungen, die sorgfältig beachtet werden müssen, sonst werden wir den Segen nicht erlangen. Ein Teil der sorgfältigen Suche meines Lesers muss auf diesen äußerst wichtigen Punkt gerichtet sein.

Gott wird dir, lieber Christ, Seine Verheißung halten; sieh du nur zu, dass die Art und Weise, in der Er Seine Zusage machte, von dir sorgfältig beachtet wird. Nur wenn wir die Bedingung einer bedingten Verheißung erfüllen, können wir erwarten, dass sie an uns erfüllt wird.

Er lässt uns sagen: *»Glaube an den Herrn Jesus Christus, so wirst du gerrettet werden!« (Apg. 16,31).* Wenn du wirklich an den Herrn Jesus Christus glaubst, so ist es gewiss, dass du errettet werden wirst – aber nicht anders. Ebenso ist es, wenn die

Verheißung zu dem Gebet, zur Heiligkeit, zum Lesen des Wortes, zum Bleiben in Christus – oder was auch immer es sonst sein mag – gegeben ist; so widme dich mit Leib und Seele dem, was dir geboten wird, damit der Segen dir zuteil werde!

In manchen Fällen bleibt großer Segen aus, weil bekannte Pflichten versäumt werden. Die Verheißung kann nicht in Erfüllung gehen, wenn man wie Kain nicht Gutes tut und darum *»die Sünde vor der Tür [lauert]« (1.Mo. 4,7).* Es kann sogar eine Pflicht sein, die wir nicht kannten. Lasst uns bestrebt sein, des Herrn Willen in allen Dingen zu erkennen, und dann lasst uns Ihm ohne eine Spur des Zögerns gehorchen! Nicht von den Wegen unseres Eigenwillens, sondern von den Pfaden göttlicher Weisheit lesen wir: *»Ihre Wege sind liebliche Wege und alle ihre Pfade Frieden« (Spr. 3,17).*

Unterschätze die Gnade der Verheißung nicht, weil sie an eine Bedingung geknüpft ist; denn in der Regel wird sie auf diese Weise doppelt wertvoll gemacht – die Bedingung ist an sich schon eine weitere Segnung, die der Herr absichtlich mit dem, was du begehrst, unzertrennlich verbunden hat, damit du zwei Gnadenerweise gewinnst, während du nur einen suchst.

Denke auch daran, dass die Bedingung nur denen lästig ist, die nicht Erben der Verheißung sind. Für sie ist sie wie eine Dornenhecke, die sie von dem Trost abhält, auf den sie kein Recht haben. Aber für dich ist sie nicht lästig, sondern angenehm, und sie ist deshalb kein Hindernis für deinen Zugang zu dem Segen. Die Wolkensäule, die vor dem Volk Israel war und sie leitete, *»machte sich auf und trat hinter sie. So kam sie zwischen das Heer der Ägypter und das Heer Israels; und sie war [für die einen] Wolke und Finsternis, und [für die anderen] erleuchtete sie die Nacht, sodass diese und jene die ganze Nacht nicht zusammenkamen« (2.Mo. 14,19-20).*

Für uns als Christen ist das Joch des Herrn leicht, und indem wir es auf uns nehmen, finden wir Ruhe für unsere Seelen. Sieh also zu, dass du den Wortlaut der Verheißung beachtest und alle ihre Prinzipien einhältst, damit dir alles Gute zuteilwerde.

Wenn du an den Herrn Jesus glaubst, so gehören dir alle Verheißungen. Und unter ihnen befindet sich auch eine für eben diesen Tag des Monats und für diesen besonderen Ort, an dem du dich jetzt befindest. Deshalb durchsuche die Rolle deiner Urkunde und finde deinen Anteil für diese Stunde. Von all den Verheißungen, die der Herr uns in Seinem Wort geschenkt hat, hat Er gesagt: *»Nicht eines von alledem wird fehlen; zu keinem Wort wird man die Erfüllung vermissen; denn Mein Mund ist's, der es befohlen … hat« (Jes. 34,16).* Darum vertraue, und fürchte dich nicht!

Was auch immer sonst fehlschlägt, die Verheißung Gottes wird es niemals. Der Schatz, der auf dieser Bank angelegt ist, ist jenseits aller Gefahren.

> *»Besser ist's, bei dem HERRN Schutz zu suchen, als sich auf Fürsten zu verlassen!« (Ps. 118,9).*

Lasst uns bei jedem Gedenken an den Gott der Wahrheit und der Gnade singen:

IN EWGE BRONZE EINGRAVIERT

Engraved As In Eternal Brass

1. In ewge Bronze eingraviert
strahlt Sein Verheißungswort;
selbst alle Macht der Finsternis
löscht niemals je es fort.

2. Sein Gnadenwort hat gleiche Kraft
wie auch Sein Schöpfungswort.
Er, der Verheißungen uns schenkt,
erhält uns immerfort.

3. Mein Zufluchtsort, mein feste Burg,
mein Schild bist Du, mein Hort:
Ich gründe meine Hoffnung fest
auf Dein unfehlbar Wort.

Text: Isaac Watts (1674–1748)
Deutsch: Elli Ertner

»Als aber die Zeit
der Verheißung nahte …«

APOSTELGESCHICHTE 7,17

KAPITEL 12

DER ZEITPUNKT DER VERHEISSUNG

Thomas Brooks erinnert uns daran, dass die Gnadengaben Gottes nicht *flüchtig* sind, sondern *sicher* oder *zuverlässig* (Jes. 55,3). Das Vorgehen des Herrn hat nichts mit Eile zu tun. Es kann sogar den Anschein haben, dass die Wagen Seiner Gnade lange auf sich warten lassen. Es ist durchaus nichts Ungewöhnliches, dass man die Heiligen klagen hört: *»Wie lange, o HERR, rufe ich [schon]!« (Hab. 1,2).* Es steht geschrieben: *»Die Herrlichkeit des HERRN wird deine Nachhut sein!« (Jes. 58,8).* Nun, die Nachhut kommt erst zuletzt, aber sie kommt doch.

Gott mag uns manchmal warten lassen. Aber wir werden am Ende sehen, dass Er ebenso gewiss das Omega wie das Alpha der Errettung Seines Volkes ist. Lasst uns Ihm nie misstrauen, sondern lasst uns auf das Offenbarwerden der Verheißung warten, auch wenn es sich scheinbar verzögert. Wenn die

Erfüllung der Weissagung *»sich [auch] verzögert, so warte auf sie, denn sie wird gewiss eintreffen und nicht ausbleiben« (Hab. 2,3).*

Aus dem Londoner Hafen fuhr einst ein Schiff aus mit dem Namen »Swiftsure« (»Schnell und sicher«). Dies ist auch ein sehr passender Name für die Gnadengüter des Herrn; sie sind sowohl schnell als auch sicher. Der Herr lässt nicht lange auf sich warten, um die Schreie Seines Volkes zu erhören. Er hat eine bestimmte Zeit festgesetzt, um Seinem Volk wohlzutun, und wenn diese bestimmte Zeit gekommen ist, wird es keinen Aufschub geben.

Der Zeitpunkt der Erfüllung ist ein wichtiger Bestandteil einer Verheißung, ja, er gehört zum Wesentlichen der Verheißung. Es wäre ungerecht, die Begleichung einer Schuld aufzuschieben; und die Verpflichtung Gottes, Sein Wort zu halten, ist von derselben Art. Der Herr führt Seine gnadenreichen Zusagen pünktlich aus. Der Herr hatte gedroht, die Welt mit einer Flut zu vernichten, aber Er wartete die ganze Zeit des Aufschubs ab, bis Noah in die Arche gegangen war; und dann, am selben Tag, brachen die Brunnen der großen Tiefe auf. Er hatte angekündigt, dass Israel aus Ägypten ausziehen werde, und so geschah es auch.

»Die Zeit aber, welche die Kinder Israels in Ägypten gewohnt hatten, betrug 430 Jahre. Und es geschah, als die 430 Jahre verflossen waren, ja, es geschah an ebendiesem Tag, da zog das ganze Heer des HERRN aus dem Land Ägypten« (2. Mo. 12,40-41).

Was die größte aller Verheißungen betrifft, nämlich die Sendung Seines Sohnes vom Himmel, so hat der Herr mit dieser großen Gabe nicht gezögert. *»Als aber die Zeit erfüllt war, sandte Gott Seinen Sohn, geboren von einer Frau« (Gal. 4,4).* Es steht außer Frage, dass der Herr, unser Gott, Sein Wort auf den Tag genau einhält.

Wenn wir in Not sind, dürfen wir den Herrn eindringlich bitten, uns schnell zu Hilfe zu eilen, so wie David im 70. Psalm fleht:

»Eile, o Gott, mich zu retten, o HERR, mir zu helfen!« (V. 2).

»Ich aber bin elend und arm; o Gott, eile zu mir! Meine Hilfe und mein Retter bist Du; o HERR, säume nicht!« (V. 6).

Ja, der Herr bestätigt sogar, dass Er sich beeilt, Seine gnadenvollen Zusagen zu erfüllen, indem Er spricht: *»Ich, der HERR, werde das zu seiner Zeit rasch ausführen« (Jes. 60,22).*

Aber wir dürfen nicht in einer solchen Weise beten, als wenn wir auch nur die geringste Befürchtung hätten, dass der Herr zögern könnte oder wollte, oder dass Er es nötig hätte, dass wir Seinen Eifer anspornen. Nein, *»der Herr zögert nicht die Verheißung hinaus, wie etliche es für ein Hinauszögern halten« (2.Pt. 3,9).*

Unser Gott ist langsam zum Zorn, aber in Taten der Gnade *»[läuft] Sein Wort sehr schnell« (Ps. 147,15).* Zuweilen übersteigt Seine Eile, Sein Volk zu segnen, sogar die Zeit und unsere Gedanken; zum Beispiel wenn Er jene alte Verheißung erfüllt:

> *»Und es wird geschehen: Ehe sie rufen, will Ich antworten; während sie noch reden, will Ich [sie] erhören!« (Jes. 65,24).*

Doch gibt es auch scheinbare Verzögerungen bei der Erhörung unserer Gebete. Wie der Bauer nicht heute erntet, was er gestern gesät hat, so erhalten auch wir nicht immer sogleich das vom Herrn, was wir von Ihm erbitten. Die Tür der Gnade öffnet sich zwar, aber nicht auf unser erstes Anklopfen hin. Weshalb ist das so? Weil die Gnade umso größer sein wird, je länger sie unterwegs ist. Für jeden Zweck unter dem Himmel gibt es eine Zeit, und alles ist zu seiner Zeit am besten.

Früchte reifen zu ihrer Jahreszeit, und je mehr sie zur rechten Zeit kommen, desto besser sind sie. Unzeitige Gnadenerweise wären nur halbe Gnadenerweise; deshalb hält der Herr sie zurück, bis sie ihre Vollkommenheit erlangt haben. Das Reich Gottes selbst wird umso besser sein, weil es solange nicht uns als Christen gehören kann, bis es für uns ausgereift ist und wir für das Reich ausgereift sind.

Bei der Ordnung der Gnade hat die Liebe den Vorrang und schlägt die Glocke an, wenn der beste Zeitpunkt gekommen ist. Gott segnet uns sowohl durch zeitweilige Verzögerung als auch durch Seine prompten Antworten. Wir sollten nicht am Herrn zweifeln, wenn Seine Zeit noch nicht gekommen ist; das hieße, so zu handeln wie ein bockiges Kind, das etwas sofort haben muss, weil es sonst meint, es nie zu bekommen.

Ein wartender Gott ist der rechte Gegenstand des Vertrauens für Sein wartendes Volk.

»Darum wartet der HERR, damit Er euch begnadigen kann, und darum ist Er hoch erhaben, damit Er sich über euch erbarmen kann« (Jes. 30,18).

Sein Erbarmen versagt nie, auch wenn Sein gnädiges Wirken unterbrochen zu sein scheint und unser Kummer sich vergrößert. Ja, gerade weil Er uns so sehr liebt, stellt Er uns auf die Probe, indem Er Seine Friedensantworten hinauszögert. Es ist mit unserem Vater im Himmel so, wie es mit unserem Herrn auf Erden war:

> *»Jesus aber liebte Martha und ihre Schwester und Lazarus. Als Er nun hörte, dass jener krank sei, blieb Er noch zwei Tage an dem Ort, wo Er war« (Joh. 11,5-6).*

Die Liebe schließt manchmal die Hand der göttlichen Freigebigkeit und hält den Strom der Gnade zurück, wenn sie sieht, dass sich aus einer Prüfungszeit ein bleibender Gewinn ergeben wird. Vielleicht ist die Zeit für die Erfüllung der Verheißung noch nicht gekommen, weil unsere Prüfung ihren Zweck noch nicht erfüllt hat. Die Umgestaltung muss ihr Ziel erreichen, sonst kann sie nicht zur Vollendung gelangen.

Wer möchte schon das Gold aus dem Feuer genommen sehen, bevor die Schlacken verzehrt sind? Warte, du kostbarer Juwel, bis du die größtmögliche Reinheit erlangt hast! Diese Augenblicke im Feuerofen sind nützlich; es wäre unweise, solche goldenen Stunden abzukürzen. Die Zeit der Verheißung entspricht der Zeit, die für Herz und Seele am bereicherndsten ist.

Vielleicht haben wir uns auch noch nicht ausreichend dem göttlichen Willen unterworfen. *»Das standhafte Ausharren«* hat noch nicht *»ein vollkommenes Werk [gehabt]« (Jak. 1,4).* Der Entwöhnungsprozess ist noch nicht abgeschlossen; wir sehnen uns immer noch nach weltlichen Begierden, denen wir nach dem Willen des Herrn für immer entwöhnt werden sollten. Abraham machte ein großes Fest, als sein Sohn Isaak entwöhnt war; vielleicht wird unser himmlischer Vater mit uns dasselbe tun. Hör gut zu, du stolzes Herz! Gib deine Götzen auf; lass ab von deinen Schwärmereien, und der verheißene Friede wird zu dir kommen.

Möglicherweise haben wir unsere Pflicht noch nicht erfüllt, die den Wendepunkt unseres Zustandes hervorrufen wird. *»Der HERR wendete Hiobs Geschick, als er für seine Freunde bat« (Hi. 42,10).* Es kann sein, dass der Herr uns für einen Verwandten oder einen anderen Freund nützlich macht, ehe Er uns mit persönlichem Trost beglückt: Wir sollen das Angesicht unseres geliebten Bruders nicht sehen, wenn nicht unser anderer Bruder auch noch bei uns ist, wie es damals bei Joseph war.

Vielleicht wird irgendeine Ordnung im Hause des Herrn vernachlässigt oder irgendein heiliges Werk nicht getan; auch dies kann die Verheißung aufhalten, nicht wahr?

> *»Sind dir Gottes Tröstungen zu gering, und ein Wort, das sanft mit dir verfährt?« (Hi. 15,11)*

Vielleicht sollen wir uns dem Herrn noch mehr hingeben: unser Leben, unsere Zeit, unser Geld, ...; dann wird Er an Seinen Bund gedenken. Er soll sich nicht beklagen müssen: *»Du hast Mir nicht Gewürzrohr um Geld gekauft« (Jes. 43,24).* Lasst uns vielmehr Seine Aufforderung annehmen:

> *»Bringt den Zehnten ganz in das Vorratshaus, damit Speise in Meinem Haus sei, und prüft Mich doch dadurch, spricht der HERR der Heerscharen, ob Ich euch nicht die Fenster des Himmels öffnen und euch Segen in überreicher Fülle herabschütten werde!« (Mal. 3,10).*

Gottes Verheißungen sind so datiert, dass ihre Erfüllung zu Seiner Verherrlichung gereichen wird, und das muss uns genügen, wenn wir keinen anderen Grund für die Verzögerung sehen können.

Es kann für uns nötig sein, dass wir uns unserer Bedürftigkeit und des großen Wertes der Segnungen, die wir ersehnen, stärker bewusst werden.

Was zu leicht erreicht wird, kann als zu gering eingeschätzt werden. Vielleicht müssen unsere undankbaren Seelen durch eine Schule des Wartens zur Dankbarkeit erzogen werden. Wir könnten nicht so laut jauchzen, wenn wir nicht zuvor tief seufzen würden. Ersehnen und Warten führt zu Seufzen und Flehen; und dies führt zu seiner Zeit zu Freude und Jubel.

Wenn wir alle Dinge so kennen könnten, wie sie Gott bekannt sind, so würden wir Ihn von ganzem Herzen dafür loben, dass Er uns unter der Zuchtrute hält und uns nicht aufgrund unseres Weinens verschont. Wenn wir das Ende ebenso gut kennen würden wie den Anfang, so würden wir den Herrn für verschlossene Türen, dunkle Augenblicke und unbeantwortete Bitten preisen.

Wenn wir wüssten, dass die großartigen Absichten des Herrn dadurch erfüllt werden, dass wir weiterhin auf Freuden verzichten, die wir herbeiwünschen, und Übel ertragen, die wir fürchten, so würden wir sicherlich mit lauter Stimme darum bitten, in unserer Armut und in unserem Schmerz belassen zu werden.

Wenn wir Gott dadurch verherrlichen können, dass uns das verwehrt wird, was wir suchen, so wünschen wir, dass es uns versagt bleibe. Das größte aller unserer Gebete und die Summe aller übrigen ist dieses eine:

»Doch nicht wie Ich will, sondern wie Du willst!« (Mt. 26,39).

KOMM, DU QUELLE ALLEN SEGENS

Come Thou Fount of Every Blessing

1. Komm, Du Quelle allen Segens,
stimm mein Herz zu Deinem Preis!
Ströme Deines Gnadenregens
fordern lauten Dankbeweis.
Lehr mich, Herr, Dich recht zu loben,
Majestät in Heiligkeit,
sei gepriesen und erhoben,
starker Fels, für alle Zeit!

2. Ich richt' auf mein Eben-Eser,
Herr, Du halfst mir bis hierher!
Zwischen mir und Dir, Erlöser,
gibt es keine Trennung mehr.
Jesus, Du mein guter Hirte,
Du sahst meinen blinden Sinn,
suchtest mich, Herr, das Verirrte,
gabst Dein Blut und Leben hin.

3. Welch ein großer Schuldner bleib ich,
leb aus Gnade Tag für Tag!
Deine große Gnade zieht mich
hin zu Dir und macht mich stark.
Ich bin schwach, o Herr, ich brauch Dich,
irre schnell und werd versehrt.
Herr, mit Deinem Geist füll Du mich,
dass mein Leben Dich verehrt!

4. Welch ein Tag, wenn frei von Sünde
ich Dein Angesicht einst seh!
Ich dann rein und ohne Schande
nur aus Gnade vor Dir steh.
Komme bald, um zu vollenden
Deine bluterkaufte Schar!
Trage sie mit starken Händen,
bis sie bei Dir immerdar!

Robert Robinson (1735–1790)
Deutsch: Theodore Kübler (1832–1905), Elli Ertner

»In Ihm seid auch ihr …
versiegelt worden mit dem
Heiligen Geist der Verheißung,
der das Unterpfand unseres Erbes ist
bis zur Erlösung des Eigentums,
zum Lob Seiner Herrlichkeit.«

EPHESER 1,13–14

KAPITEL 13

DAS SIEGEL DES HEILIGEN GEISTES

In einem sehr wahren und realen Sinn sind die im Bund verheißenen Dinge bereits Eigentum der Gläubigen. *»Alles gehört euch« (1.Kor. 3,22)*. Der Vater könnte wirklich zu jedem der Söhne, die in Seinem Haus wohnen, sagen: *»Alles, was Mein ist, das ist dein« (Lk. 15,31)*. Ja, das Erbteil ist bereits unser.

In Seiner zuverlässigen Verheißung hat uns der Vater bereits *»gesegnet mit jedem geistlichen Segen in den himmlischen [Regionen] in Christus« (Eph. 1,3)*. Er hat nicht nur beschlossen, uns in der Zukunft reich zu machen, sondern Er hat uns schon jetzt mit den Schätzen Seiner Liebe beschenkt. Der Herr Jesus hat uns nicht nur zu Erben eines unendlichen Vermögens in den künftigen Zeitaltern gemacht, sondern Er lässt uns auch in den unmittelbaren Genuss eines gegenwärtigen Anteils kommen, wie die

Heilige Schrift sagt: *»In Ihm, in welchem wir auch ein Erbteil erlangt haben« (Eph. 1,11).*

Der Heilige Geist ist in vielerlei Hinsicht das Mittel, um uns das verheißene Erbe schon jetzt zuzueignen. Durch Ihn sind wir »versiegelt«. Wir wissen mit voller Gewissheit, dass das Erbteil unser ist und dass wir selbst dem großen Erben aller Dinge angehören. Das Wirken des Heiligen Geistes an uns bei unserer Wiedergeburt und Sein Wohnen in uns durch Sein Wort sind Zeugnisse dafür, dass wir in der Gnade stehen und dass wir Erben der Herrlichkeit sind. Über alle anderen Zeugnisse unserer Errettung hinaus steht dieser sichere und gewisse Beweis, nämlich dass der Geist des lebendigen Gottes auf uns ruht.

> *»Der Geist Selbst gibt Zeugnis zusammen mit unserem Geist, dass wir Gottes Kinder sind« (Röm. 8,16).*

Buße, Glaube, geistliches Leben, Heiligung und ein heiliges Verlangen nach dem, was droben ist – alles das sind Beweise, dass der Heilige Geist in uns wirkt, und zwar in einer Weise, wie sie den Erben des Heils eigentümlich ist. Das uns vom Heiligen Geist eingehauchte Leben ist das große Siegel des Reiches Gottes an unseren Seelen.

Wir brauchen weder Träume, noch Visionen, noch geheimnisvolle Stimmen, noch schwärmerische Gefühle: Die Belebung und Erneuerung durch den Heiligen Geist sind bessere Siegel als diese. Der Geist der Verheißung bereitet die Menschen nicht auf eine Glückseligkeit vor, die ihnen nie zuteil wird. Er sichert uns den Segen, zu dem Er uns zubereitet hat. Der schwächste Abdruck vom Siegel des Geistes bezeugt unsere Zugehörigkeit zum Volk Gottes besser als alle vermessenen Schlüsse, die die Einbildung aus ihren wildesten Fantasien ziehen kann.

Der Heilige Geist ist aber nicht nur das Siegel des Erbes, Er ist auch dessen Unterpfand. Ein Unterpfand (oder auch Angeld) ist ein Teil von der Summe selbst, die als Bürgschaft dafür gegeben wird, dass das Übrige zu einer bestimmten Zeit folgen soll. Wenn einem Mann ein Teil seines Lohnes in der Mitte des Monats ausgezahlt wird, so ist dies ein Vorschuss, ein Angeld. Hierin unterscheidet sich das Angeld von einem Pfand, denn ein Pfand wird zurückgegeben, wenn man das Zugesicherte erhalten hat. Aber ein Angeld wird nicht zurückgegeben, weil es ein Teil dessen ist, was versprochen wurde. Ebenso ist der Heilige Geist Selbst ein wesentlicher Teil des Erbes der Heiligen. Indem wir Ihn haben, haben wir den Beginn der Vollkommenheit, des Himmels, der ewigen Herrlichkeit. Er ist das ewige Leben, und Seine Gaben, Gnaden und Wirkungen sind die ersten Grundlagen der ewigen Glückseligkeit. Indem wir den Heiligen Geist haben, besitzen wir das Reich, das unser Vater den Seinen nach Seinem Wohlgefallen geben will.

Das wird uns durch eine kurze Betrachtung deutlich. Der Himmel ist kein neuer Planet, sondern das ewige Reich Gottes ohne Sünde, ein heiliger Ort; somit ist klar, dass der Heilige Geist, sobald Er uns hier heilig macht, die Anfänge des Himmels in uns eingepflanzt hat.

Himmel bedeutet auch Sieg – und jedes Mal, wenn wir die Sünde, den Satan, die Welt und das Fleisch überwinden, haben wir einen Vorgeschmack des unvergänglichen Triumphes des Reiches Gottes auf der verwandelten Erde.

Der Himmel bedeutet: ewiger Sabbat – und wie könnten wir einen besseren Vorgeschmack der vollkommenen Ruhe haben als in der Freude und dem Frieden, die durch den Heiligen Geist in uns ausgegossen werden? Die Gemeinschaft mit Gott ist ein Hauptbestandteil der Glückseligkeit der Verherrlichten; und schon gegenwärtig werden wir durch den Geist Gottes befähigt, uns in dem Herrn zu freuen, in dem Gott unseres Heils. Die Gemeinschaft mit dem Herrn Jesus in allen Seinen gnadenvollen Absichten und Ratschlüssen sowie die Ähnlichkeit mit Ihm in der Liebe zu Gott und den Menschen machen ebenfalls einen Hauptbestandteil unserer Vollendung vor dem Thron aus, und diese wirkt der Geist der Heiligkeit von Tag zu Tag in uns.

Reines Herzens zu sein, so dass wir Gott schauen; einen gefestigten Charakter zu haben, so dass wir in der Gerechtigkeit feststehen; stark zu sein zum Guten, so dass wir alles Böse überwinden; von dem eigenen Ich gereinigt zu sein, um alles in Gott zu finden – gehört dies alles, wenn es in vollem Umfang verwirklicht wird, nicht zu den zentralen Segnungen der glückseligen Ewigkeit? Und sind sie uns nicht bereits geschenkt durch den Geist der Herrlichkeit und der Kraft, der schon jetzt auf uns ruht? So ist es.

Im Heiligen Geist haben wir das, wonach wir streben. In Ihm ist die Blume des Reiches Gottes in der Knospe zu uns gekommen. Das Morgenrot des Tages der Herrlichkeit hat uns angelächelt.

Wir sind also den verheißenen Segnungen nicht so fern, wie es scheinen mag.

Der Heilige Geist hat die Vorhänge zurückgezogen und uns das Geheimnis schauen lassen, *»das verborgen war, seitdem es Weltzeiten und Geschlechter gibt« (Kol. 1,26),* das *»von den Ewigkeiten her in Gott verborgen war« (Eph. 3,9).* Seht im göttlichen Leben in eurer Seele das ewige Leben, das denen verheißen ist, die Gott lieben. Das Leben in der Herrlichkeit ist nur der Fortbestand und die Auswirkung des Lebens in der Gnade.

Seht in der Versöhnung durch das sühnende Blut jenen himmlischen Frieden, der der Grundstein der ewigen Ruhe ist. Seht in der Liebe Gottes, die sich in der gläubigen Seele ausbreitet, einen Vorgeschmack des Wohlgeruchs der Glückseligkeit. Erkennt in der unerschütterlichen Sicherheit und in der geheiligten Gelassenheit und der vollen Zuversicht einen Vorgeschmack der unendlichen Ruhe des Reiches Gottes. Wenn sich unsere inneren Freuden erheben und in ein Lied ausbrechen, dann hören wir die Vorboten des himmlischen Halleluja. Wenn wir die Segnungen des Reiches Gottes kennenlernen wollen – siehe, sie werden uns durch den Geist Gottes und Sein Wort gebracht.

Wir *werden* nicht nur ein Erbe *haben,* sondern *wir haben es jetzt.* Indem wir den Heiligen Geist haben, sind wir bereits in den Besitz des Landes gekommen, in dem Milch und Honig fließen.

> *»Denn wir, die wir gläubig geworden sind, gehen in die Ruhe ein« (Hebr. 4,3). »Ihr seid gekommen zu dem Berg Zion und zu der Stadt des lebendigen Gottes, dem himmlischen Jerusalem, und zu Zehntausenden von Engeln ...« (Hebr. 12,22).*

Was bleibt solchen Menschen, die so des göttlichen Erbes im Sohn Gottes teilhaftig geworden sind, anderes übrig, als ihrer hohen, heiligen, himmlischen Berufung würdig zu wandeln?

> *»Wenn ihr nun mit Christus auferweckt worden seid, so sucht das, was droben ist, wo der Christus ist, sitzend zur Rechten Gottes« (Kol. 3,1).*

»Denn so viele Verheißungen
Gottes es gibt – in Ihm ist das Ja,
und in Ihm auch das Amen,
Gott zum Lob durch uns!«

2. KORINTHER 1,20

KAPITEL 14

DER HERR JESUS CHRISTUS UND DIE VERHEISSUNGEN

Jesus, unser Herr, ist auf ewig mit dem Weg der Verheißung verbunden. Er ist in der Tat *»der Weg und die Wahrheit und das Leben« (Joh. 14,6).* Niemand kommt zu dem treuen Geber der Verheißung als allein durch Jesus Christus. Wir könnten dieses Buch nicht schließen ohne ein kurzes Kapitel über Ihn. Ich hoffe, dass der Leser nicht versuchen wird, aus dem Wort Gottes selbst irgendeinen Trost zu erhalten, es sei denn er erhält ihn durch Jesus Christus. Durch Ihn, den wir in der Heiligen Schrift suchen müssen, kann die Seele des Menschen leben.

> *»Der natürliche Mensch aber nimmt nicht an, was vom Geist Gottes ist; denn es ist ihm eine Torheit,*

und er kann es nicht erkennen, weil es geistlich beurteilt werden muss« (1.Kor. 2,14).

Der Geist Gottes ist es, der uns Christus zu erkennen gibt und uns Glauben und ewiges Leben in Ihm schenkt.

Das ist in der Tat der große Fehler vieler Menschen – sie suchen in der Schrift, weil sie meinen, darin ewiges Leben zu haben, aber sie suchen Christus nicht wirklich, damit sie das Leben haben könnten. Lasst uns nicht zu dieser törichten Gesellschaft gehören, sondern lasst uns Tag für Tag zu Jesus kommen, weil wir wissen, es war das Wohlgefallen Seines Vaters, dass in Ihm alle Fülle wohnen sollte. Nur so weit wir Ihn kennen, kennen wir das Licht, das Leben und die Freiheit der Erben der Verheißung. Und wenn wir von Ihm abirren, geraten wir mit Sicherheit in die Knechtschaft. Dass wir doch die Gnade empfingen, in Ihm zu bleiben, damit wir all das Gute des Bundes besitzen, der mit uns in Ihm geschlossen wurde!

Jesus ist das Tor zu den Verheißungen. Durch Ihn kann Gott mit schuldigen Menschen gnädig umgehen. Ohne den Samen der Frau, der zum Mittler zwischen Gott und den Menschen geworden ist, könnte keine Botschaft des Trostes an die sündige Menschheit gesandt werden. Gott hätte kein Wort für Sünder, wenn nicht das »Wort« es übernommen hätte, Fleisch zu werden und unter uns zu wohnen (Joh. 1,14). Gott konnte den Menschen Seine Gedanken der Liebe nur durch Jesus, das Wort, mitteilen. So wie Gott nicht anders zu uns kommen konnte als durch den »Boten des Bundes« (Mal. 3,1), so konnten wir nicht anders zu Ihm kommen als durch den Mittler.

Unsere Furcht treibt uns von dem heiligen Gott weg, bis wir den Sohn Gottes als unseren einzigen Retter erkennen. Die Herrlichkeit der göttlichen Dreieinigkeit lässt uns erzittern, bis wir den Glanz des fleischgewordenen Gottes schauen. Wir kommen zu Gott durch das Menschsein Seines Sohnes und besonders dadurch, dass Er für Sein Volk leidet und stirbt.

Jesus ist die Summe aller Verheißungen. Als Gott uns Seinen Sohn verheißen hat, schenkte Er uns in Ihm alles, was zu unserem Heil notwendig ist. *»Jede gute Gabe und jedes vollkommene Geschenk« (Jak. 1,17)* findet sich in der Person, dem Amt und dem Werk unseres Erlösers. Alle Verheißungen sind »in Ihm«. Wenn ihr sie zusammenrechnen oder ein langes Verzeichnis aller Segnungen, die sie uns zusichern, machen wollt, so könnt ihr euch die Mühe sparen. Ihr dürft froh sein zu wissen, dass in Ihm die volle Summe ist: Der Herr hat uns Seinen Sohn Jesus Christus gegeben. So wie alle Sterne am Himmel und alle Wellen im Meer sind, so sind alle Bundessegnungen in Christus. Ein wirklicher Segen außerhalb unseres Herrn ist undenkbar. Er ist alles in allem. Auf diese Schnur sind alle Perlen aufgereiht; in dieser Schatulle sind alle Edelsteine enthalten.

Jesus ist der Garant für alle Verheißungen. Gott, der Seinen eigenen Sohn nicht verschonte, wird Seinem Volk nichts vorenthalten. Wenn Er jemals daran gedacht hätte, einen Rückzieher zu machen, dann hätte Er es getan, bevor Er das große Opfer Seines eingeborenen Sohnes gebracht hat. Niemals kann der Verdacht aufkommen, dass der Herr irgendeine Seiner Verheißungen zurücknehmen würde, da Er die größte und teuerste von allen bereits erfüllt hat.

> *»Wie sollte Er uns mit Ihm nicht auch alles schenken?« (Röm. 8,32).*

Jesus bestätigt die Verheißungen, denn *»in Ihm ist das Ja, und in Ihm auch das Amen« (2.Kor. 1,20).* Sein Kommen in unserer Natur, Seine Stellung als unser Bundeshaupt und Seine Erfüllung aller Bestimmungen des Bundes haben alle Artikel des göttlichen Vertrages fest und dauerhaft gemacht.

Nun ist es nicht nur freundlich, sondern auch gerecht von Gott, wenn Er Seine Verheißungen an die Menschen einhält. Da Jesus stellvertretend für die Menschen die göttliche Ehre, die durch die Sünde angetastet war, voll entschädigt hat, vereinigt sich die Gerechtigkeit Gottes mit Seiner Liebe, um die Erfüllung jedes Wortes der Verheißung zu sichern.

Wie der Regenbogen uns die Bürgschaft dafür ist, dass die Welt nie wieder durch eine Flut zerstört werden wird, so ist Jesus unsere Gewissheit, dass die Fluten der menschlichen Sünde niemals die treue Güte des Herrn ertränken werden. Er hat das Gesetz erfüllt und dessen Ehre wiederhergestellt. Er muss für die Qualen Seiner Seele belohnt werden. Und deshalb muss denen, für die Er gestorben ist, alles Gute zuteil werden. Es wäre eine Erschütterung und Verwerfung aller Dinge, wenn die Verheißungen jetzt keine Wirkung mehr hätten, nachdem unser Herr alles getan hat, was nötig war, um sie sicher zu machen. Wenn wir wirklich durch

Jesus Christus errettet sind, so sind die Verheißungen für uns ebenso gewiss wie die Liebe Seines Vaters für Ihn.

Jesus ist derjenige, der an die Verheißungen erinnert. Er bittet Gott in unserem Namen und macht die göttliche Verheißung geltend. *»Dafür, dass Er … für die Übeltäter gebetet hat« (Jes. 53,12).* Denn das Gute, das Er verheißen hat, will der Herr für uns erbitten; und damit diese Bitte unter den ermutigendsten Umständen ausgeführt werde, siehe, da wird der Herr Jesus Selbst unser Fürsprecher. Um Zions willen schweigt Er nicht, sondern erinnert Tag und Nacht an den ewigen Bund und an das Blut, durch das er besiegelt und bestätigt wurde. Hinter jeder Verheißung steht der lebendige, flehende und siegende *»Hohepriester unseres Bekenntnisses« (Hebr. 3,1).* Wir mögen die getreue Verheißung vergessen, aber Er nicht: Er wird den Weihrauch Seines Verdienstes und die Zusagen Gottes für uns an jenem Ort innerhalb des Vorhangs darbringen, an dem Er allmächtige Fürsprache einlegt.

Jesus ist der Erfüller der Verheißungen. Sein erstes Kommen brachte uns den größten Teil der Segnungen, die der Herr für die Seinen vorherbestimmt hat, und Sein zweites Kommen wird uns die übrigen bringen. Unser geistlicher Reichtum ist mit Seiner ewig anbetungswürdigen Person verbunden. Weil Er lebt, leben wir; weil Er herrscht, herrschen wir; weil Er angenommen ist, sind wir angenommen.

Bald, bei Seinem zweiten Kommen, werden wir offenbart werden; in Seinem Triumph werden wir triumphieren; in Seiner Herrlichkeit werden wir verherrlicht werden. Er Selbst ist das A und das O der Verheißungen Gottes; in Ihm haben wir als Sünder das Leben gefunden, in Ihm werden wir als Heilige die Herrlichkeit finden. Wenn Er nicht auferstanden wäre, so wäre unser Glaube nichtig; und wenn Er nicht zum zweiten Mal käme, so wäre unsere Hoffnung eine Täuschung. Aber da Er von den Toten auferstanden ist, sind wir gerechtfertigt; da Er in der Herrlichkeit Seines Vaters kommen wird, werden auch wir verherrlicht werden.

Lieber Leser, was willst du tun mit Jesus?

Alles wird von deiner Antwort auf diese Frage abhängen. Ruhst du allein in Ihm? Dann hat der Herr verheißen, dich zu segnen und dir Gutes zu tun; und Er wird dich mit der erstaunlichen Art und

Weise überraschen, in der Er dies an dir tun wird. Nichts ist dem Vater zu gut, um es dem Menschen zu geben, der sich an Seinem Sohn Jesus erfreut.

Vertraust du jedoch auf deine eigenen Taten, deine Gefühle, dein Beten, deine religiösen Handlungen?

Dann bist du *»aus Werken des Gesetzes [und stehst] unter dem Fluch« (Gal. 3,10).* Ach, wenn du doch das Haus der Knechtschaft verlassen und in die Heimat der freien Gnade fliehen wolltest, um einer zu werden, den Gott segnen wird gemäß der Verheißung.

Gott gewähre dir diese große Gnade um des Herrn Jesus Christus willen!

DIE ENGEL, HEILIG, REIN

Ye Holy Angels Bright

1. Die Engel, heilig, rein, sind allezeit bereit,
zu tun, was Gott befiehlt, der Herr der Herrlichkeit.
Sie beten an vor Gottes Thron,
mit Lobgesang den Gottessohn.

2. Die Seelen, die jetzt ruhn, ihr Kampf ist nun vorbei.
Vollendet ist ihr Lauf; sie sind von Sünde frei.
Sie sind getrost beim Gnadenthron
und warten schon auf Jesu Lohn.

3. Ihr Heiligen, wacht auf, den König betet an,
bringt Ihm den Lobgesang, geht mutig stets voran!
Vertraut auf Ihn, preist allezeit
den höchsten Herrn, in Freud und Leid!

4. Du, meine Seele, sing und preise Gott allein;
in Christus hab ich Heil und bin auf ewig Sein.
Und bis zum Ziel sei jeder Tag
mit Lob erfüllt, was kommen mag.

Richard Baxter (1615–1691)
Deutsch: Niko Derksen

Paul Washer

DAS EVANGELIUM JESU CHRISTI

Gottes Lösung für das Problem des Menschen

Wenn Gott gut ist, was soll Er dann mit denen tun, die es nicht sind? Was wird ein guter und rechtschaffener Gott mit menschlichen Wesen tun, die zum Bösen geneigt und ungehorsam sind? Wenn der Richter der ganzen Erde mit uns auf der Grundlage von Gerechtigkeit handelt, muss Er uns dann nicht alle verdammen?

Diese Fragen führen uns in die größte aller religiösen und philosophischen Schwierigkeiten. Wie kann Gott gerecht sein und trotzdem denen vergeben, die Er gerechterweise verdammen müsste? Wie kann Gott heilig sein und Freundschaft mit solchen schließen, die böse sind? Wie kann Er Sünder wie uns rechtfertigen und doch gerecht bleiben?

Art.-Nr.: 875.422

www.voh-shop.de